RECUEIL
DE
MONOLOGUES
DITS PAR
les Frères COQUELIN

Sixième Edition

PARIS
LIBRAIRIE THÉATRALE
14, RUE DE GRAMMONT, 14

1880

Tous droits réservés

RECUEIL

DE

MONOLOGUES

RECUEIL
DE
MONOLOGUES

DITS PAR
les Frères COQUELIN

E. BANEUX. — G. BRIET. — P. CLOQUEMIN. — A. DELILIA. —
E. DEPRÉ. — E. DEUTSCH. — J. GASCOGNE. — A. GUILLON.
— CH. LEROY. — L. PÉRICAUD. — O. PRADELS. —
L. PUECH. — TOUCHATOUT.

PARIS
LIBRAIRIE THÉATRALE
14, RUE DE GRAMMONT, 14

1889
Tous droits réservés

OCTAVE PRADELS

BARBASSON

BARBASSON

Je n'ai jamais eu peur qu'une fois dans ma vie,
Encor ce n'était pas pour moi... car le péril
Té digo li qué vingue ! Au Caire, sur le Nil,
Je me trouvais un jour. Il me prend une envie
De tuer un lion avant mon déjeûner,
Et je dis à Rémi, mon copain de voyage :
« Allons, prends ton fusil, tu vas m'accompagner. »
Rémi, certes, n'est pas un homme sans courage...
Il est grand, bien bâti, c'est un très bon garçon,
Mais, d'abord, il se fit tirer un peu l'oreille...
Ça se comprend, d'ailleurs... il n'est pas de Marseille,
C'est un homme du Nord..., il est de Tarascon !
Il se décide enfin... Nous partons côte à côte.

Tranquilles, nous marchons, quand dans l'éloignement
Nous entendons soudain un grand rugissement!
Rémi s'arrête... pâle... Eh! ce n'est pas sa faute
Le povre! Je lui dis : « Reste, si ça te plaît.
« Je vais seul ». J'aperçois derrière un monticule
Un énorme lion, haut comme un grand mulet!
Il me voit... il rugit!... Je m'avance... il recule...
Je vise à peine... paf!... il tombe raide mort!
« Rémi! tu peux venir! » Rémi quitte sa place,
Accourt et — ça c'est vrai! — me complimente fort.
Mais je vis qu'il était un peu jaloux; bagasse!
Un ami, c'est un frère! et je lui dis : « Mon bon,
« Tu voudrais, comme moi, remporter ton lion!
« Que ne le disais-tu? Dans ce buisson, demeure :
« Je veux te le tuer... patiente un quart d'heure. »
Je recharge mon arme et je pars en chantant.
Je fais dans le désert près d'une demi-lieue
Quand je vois mon lion... un lion épatant!
Cinq mètres pour le moins de la tête à la queue.
Il me voit... m'examine... et grimpe sur un roc;
Moi, j'arme mon fusil. Le lion se ramasse...
Il va pour s'élancer — hé! je me ris d'un choc,
Mais ça peut vous salir — et sans quitter ma place
Paf! je le tir au vol... comme ça... dédaigneux...
Et ma balle, en sifflant lui crève les deux yeux!
Jugez si Rémi fut stupéfait et joyeux!
Mais il ne fixait pas les lions morts sans crainte :
(Aux lions comme à tout, il faut s'habituer.)

Il me dit, le naïf : « Hé ! tu vas en tuer
« Encor beaucoup ? » Que non ! c'est l'heure de l'absinthe
« Pourquoi veux-tu que je dépeuple le désert ?
« J'en laisse quelques-uns... allons-nous en, mon *cer !* »
Nous regagnons le Nil et suivons le rivage.
Je marchais regardant le joli paysage,
Le fusil sur l'épaule et Rémi devant moi ;
Pour allumer ma pipe, un instant je m'arrête.
J'allume. Tout à coup, je pousse un cri d'effroi !
Et je sens mes cheveux se dresser sur ma tête !
J'avais connu la peur !... Oui, messieurs... j'ai frémi
Moi, Barbasson !... j'eus peur ! pas pour moi, pour Rémi.
Du milieu des roseaux, au bord de la rivière,
Déroulant au soleil tout son corps ondulé,
Un crocodile, long comme la Cannebière,
Vers le *povre* Rémi, droit s'en était allé,
Et hap ! d'un coup de gueule il l'avait avalé !
L'effroi — je vous l'ai dit — me clouait à ma place
Bouche ouverte — c'était tellement imprévu !
Bientôt, vous le pensez, je repris mon audace,
(Personne, heureusement, ne pouvait m'avoir vu !)
Le monstre s'apprêtait à regagner son antre
Avec l'orgueil au front et Rémi dans le ventre,
Mais, soudain, m'élançant au travers du chemin
Qu'il suivait, aussi prompt que la foudre elle-même,
Je lui saisis la gueule... et puis de chaque main
L'écartant... comme ça, dans un effort suprême,
Je la mis grande ouverte... alors gonflant ma voix,

Je m'écriai : « Rémi !,.. Rémi ! vite !... dépêche !
Sors ! » Et Rémi sortit ! il était temps ! Je crois
Que je ne pourrais plus refaire une autre fois
Un effort aussi grand... J'avais la gorge sèche.
Rémi sauvé, j'allais dans ma juste fureur,
Tuer le crododile affreux.,. mais j'ai grand'cœur...
Puisqu'en fait de victime il n'en était aucune
Je me dis ; « C'est petit d'avoir de la rancune
« Et puis la *povre* bête avait peut-être faim !
« Je lui fais grâce. » Alors, la prenant par la queue,
V'lan, je la rejetai dans le fleuve sans fin,
Qui venait à mes pieds rouler son onde bleue.
Mais savez-vous l'effet que ce moment d'effroi
Avait produit sur nous ? — C'est presque invraisembable
Tant c'est étourdissant ! — et si ce n'était moi
Qui vous le racontais, ce serait incroyable !
Eh bien ! Lorsque Rémi du gosier émergea
Et que j'eus rejeté le monstre en la rivière,
Nous fîmes tous les deux quatre pas en arrière
En poussant un grand cri que l'écho prolongea !
O stupéfaction intense et sans pareille !
Nous en étions restés ainsi, les bras ballants,..
De Rémi, les cheveux étaient devenus blancs,
Et moi... j'avais perdu mon *assent* de Marseille.

LOUIS PÉRICAUD

LE BILLET DE FAVEUR

LE BILLET DE FAVEUR

J'adore aller au théâtre sans payer. Payer pour aller au théâtre, il n'y a rien de bête comme ça. Ça gâte le plaisir !

Ainsi, hier, je suis allé au théâtre des Bouffes septentrionaux, toujours avec un billet de faveur. C'est M. Saint-Eustache, le comique, qui me l'a donné.

Moi, je suis dans le gaz, et dans le gaz on ne gagne pas lourd. C'est léger, le gaz ! Je ne suis pas actionnaire ; je suis vérificateur des compteurs. Il y a trois jours, je me dis : « Tiens, j'ai envie de voir l'*Homme aux trois culottes*, aux Bouffes septentrionaux, toujours. »

Je quitte le gaz à trois heures ; — je sais que c'est à trois heures, parce qu'à trois heures un quart, il y a eu une explosion dans la partie du quartier que je n'avais pas vérifiée. (Oh ! une petite explosion !) Je me paie un fiacre et j'arrive au théâtre. M. Saint-Eustache venait de partir, je reprends mon fiacre, je retourne dans mon quartier voir la fin de l'explosion. J'ai eu juste une heure et demie de voiture.

Le lendemain, je requitte le gaz. Je reprends un

fiacre qui me jette dans les bras de M. Saint-Eustache. Nous prenons un bock, un vermouth, puis un bock; M. Saint-Eustache veut payer, je ne le souffre pas. Il m'offre à dîner. Nous allons à son restaurant, un drôle de restaurant! Les cuillères et les fourchettes sont attachées à la table... avec des chaînes d'acier. C'est très bien tenu. Ça nous coûte 29 sous chacun. C'est moi qui paye. Il va s'habiller et me dit : « Vous trouverez les places chez le concierge du théâtre. » J'y vole. Un homme très grossier, ce concierge; il a dû être dans les Postes! Il me réclame cinq sous. Je les refuse. Il m'appelle : *panné !* Je les donne.

Enfin, j'ai mon billet! Je lis dessus :

« Billet de faveur. Deux entrées. Maison Saint-Crépin junior, vente à tempérament. Il sera perçu un franc par place pour différents droits. »

Au contrôle, je le présente; un Monsieur, très poli, me dit : « C'est deux francs. » — « Comment deux francs? » — « C'est un franc par place. » — « Je suis seul, je n'occupe qu'une place. » — « Le billet est de deux places, vous avez deux francs à payer. » Je les donne parce que je n'aime pas payer au théâtre. En échange, on me délivre un petit carton bleu sur lequel je lis :

« Deuxième galerie. Vacherie alimentaire, véritable lait de vache du château d'un ancien directeur de théâtre, en Périgord. »

Je monte trois étages. (Dans les théâtres, il y a toujours trois étages à monter pour arriver aux deuxièmes galeries.)

Les ouvreuses m'arrachent mon paletot et me donnent un petit carton vert portant un numéro 33 et cette inscription :

« Chapellerie modèle, plus de peau de lapin ; 3 fr. 75 les qualités superfines. »

On me met au 4° rang, sur le côté; je ne pouvais rien voir, qu'un coin d'un rideau d'annonces :

« Tripes à la mode de Caen, en face le théâtre. »

Le spectacle commence, je ne vois même plus les tripes à la mode de Caen, je me plains. L'ouvreuse me répond : « Pour vos 20 sous, ne faudrait-il pas vous ficher la croix d'honneur ? » — « Vous êtes une insolente ! Rendez-moi mon paletot ! » Je donne cinq sous, on me le rend, et je descends réclamer au contrôle.

« Avec un petit supplément de 0 fr. 50 c., je puis vous faire descendre d'un étage, me dit le Monsieur très poli. » — « Voilà 50 centimes. » — « Pardon, vous avez deux places, c'est un franc. » — « Mais je n'en occupe qu'une. » — « Ça ne fait rien, c'est un franc — les tribunaux ont jugé le cas. »

Pour couper court, je donne 20 sous, parce que je n'aime pas payer au théâtre ; et l'on me met dans la main un petit carton jaune sur lequel je lis :

« Première galerie. A la grande tragédienne. Dégraissage à la vapeur. »

Je remonte deux étages (parce que dans tous les théâtres, il faut toujours monter deux étages, pour arriver à la 1re galerie.) Je donne un petit pourboire à l'ouvreuse pour être bien placé : elle me donne un mauvais strapontin. Enfin, je l'ai vu l'*Homme aux trois culottes!* Et on m'a encore réclamé cinq sous pour un petit banc — que je n'ai pas vu — et mon vestiaire; mais j'ai eu bien du plaisir! Et je peux dire que M. Saint-Eustache est le premier acteur de Paris... dans son genre à lui; pas dans celui des autres. Aussi je l'ai félicité chaudement après le spectacle, en lui payant une choucroûte.

Et je suis rentré chez moi, à deux heures et demie du matin, trempé, car il pleuvait! Les ouvreuses avaient égaré mon parapluie; mon paletot a été perdu, mon chapeau aussi; et le lendemain, au gaz, on m'a flanqué à la porte parce que j'avais quitté mon poste pendant deux jours de suite, et que j'avais justement choisi des jours d'explosion.

Total : 10 francs de voitures, 3 fr. de dîner, 1 fr. 50 de consommations, 0 fr. 50 d'ouvreuses, 2 fr. de billets de faveur, 1 fr. de supplément, un paletot perdu, un chapeau fondu, plus de parapluie, plus de place au gaz. Mais je m'en fiche pas mal, je suis allé au théâtre sans payer!!

EUGÈNE DEUTSCH

LES COURSES

LES COURSES

Avant j'étais un imbécile, maintenant je suis intelligent : je n'avais jamais été aux courses, j'y ai été..... J'ai gagné. Hier, dimanche, j'ai pris le train spécial pour Auteuil..., 1re classe..., on m'a mis dans le wagon des bagages..., j'étais très mal, très mal ! A Auteuil, j'ai donné vingt sous et je suis arrivé devant un grand monument d'architecture gothique, très joli : ça ressemble aux halles... On m'a dit que c'étaient les tribunes... au milieu celle du Président de la République... il n'y a pas de billard : il n'y vient jamais... De chaque côté, celles des Ministres et des Députés : comme on crie beaucoup, ils y viennent toujours.

Au milieu d'un grand vacarme je suis parvenu à l'arrivée...? l'arrivée... c'est un grand poteau avec un anneau au-dessus... on dirait Sarah-Bernhardt avec un monocle... Ce poteau est placé juste en face des tribunes près d'une grosse cloche qu'on s'est mis à sonner; à ce signal, trois Messieurs très bien mis sont venus se placer sur une petite plate-forme... C'est le Jury.., il y a trois membres... un myope... un presbyte et un aveugle... pour partager les chances... Ils se sont mis à examiner, — même l'aveugle, — des chevaux qui venaient d'entrer dans la piste... Ah ! de bien vilaines bêtes, rien que la peau sur les os, une tête grande comme ça, des jambes longues comme ça !... Il y en a même une que j'ai reconnue, je ne me rappelle plus si je l'ai vue attelée à une Urbaine ou à une Générale ; mais à ce moment c'était encore un bon cheval... et on prétend améliorer la race chevaline ! Ce qui fait plus pitié encore ce sont les cavaliers... ils sont déguisés... il y avait un arlequin et un polichinelle, ils se tiennent tout courbés sur leurs chevaux... ils doivent devenir bossus en vieillissant ces gens-là... mais il paraît qu'ils ne vieillissent pas : ils se font tuer avant, aussi ils ont l'air lugubre, on dirait des singes tristes à cheval... Pour faire ce métier-là, il n'y a pas besoin d'être gai... aussi, tous les jockeys sont Anglais... ce sont bien les gens qu'il faut... ils parlent toujours d'animaux... chevaux, roast-beefs... porcs et truffes... d'où viennent sans doute *sport et turf*... Du reste, on prend les Anglais au poids... comme la viande de boucherie... avec réjouissance... On les pèse avant la course... quand il n'y en a pas assez on en ajoute ; quand il y en a trop on en supprime. A ce moment, les jockeys s'étaient mis en rang pour regarder un monsieur qui agitait un drapeau rouge sur la piste... J'ai pensé que c'était Louise Michel déguisée qui s'amusait avec son fichu... j'ai crié : « Arrêtez-là ! » On a haussé les épaules..; Anarchistes, va !... Quand les chevaux ont vu le rouge, ils se sont élancés dessus comme des taureaux... mais Louise Michel s'est retirée à temps... Elle est partie... et les jockeys aussi... Ils ont parcouru toute la piste... il y a même un employé qui a voulu leur barrer le passage avec le couvercle d'un grand panier... on appelle ça une haie... ils ont tous passé par-dessus, sans doute pour le faire enrager... Alors tout le monde a crié ! « Plaisanterie, Plaisanterie !... » je l'ai trouvée mauvaise... Je l'ai dit à un monsieur... il s'est approché de moi et m'a soufflé tout bas, à l'oreille « Tuyau » : j'étais furieux, je l'aurais giflé, si j'avais su sa force à l'épée... Les autres criaient toujours... « Baudres, Gustave Vasa tient la corde... » Je me suis dit : il doit avoir peur celui-là s'il tient la corde... ça n'a pas manqué... il s'est flanqué par terre... avec son cheval... le jockey s'était cassé la jambe ; mais comme il y était habitué... on l'a laissé tranquille. Les autres jockeys ne se sont même pas arrêtés, ils couraient toujours et tout le monde criait : « Haridelle... Satory tout seul... » A l'arrivée le cheval s'est arrêté net devant la haie... et le jockey est arrivé tout seul de l'autre côté... Haridelle était second, eh bien ! le jury l'a disqualifié... les autres chevaux ont pris la piste B et la piste C, mais Haridelle avait pris la piste H..., ce n'était pas de jeu... on a protesté... Il y avait surtout un endroit où l'on criait davantage... J'y suis allé... j'ai vu des hommes, des femmes et des Anglais... Les Anglais criaient tous après les femmes... Cote... cote... cocotte... Ils ne sont pas polis, les Anglais, du reste ils ont d'autres défauts !... On les appelle des « Bourse-makers » faiseurs de porte-monnaies... ça veut dire « pick pockets »... Et il y a des gens assez bêtes pour leur donner de l'argent... C'est près d'un bourse-maker que j'ai rencontré mon vieil ami Anatole... Il m'a dit qu'il me ferait gagner... et m'a présenté à l'homme... j'ai donné cinq louis au bourse-maker, il m'a remis un petit carton... sur lequel il y avait un nom anglais... « Estudiantina »... Estudiantina est arrivée première... J'ai été près du bourse-maker pour toucher mon argent... mais Anatole m'a dit qu'on ne payait que le lendemain... ça m'était égal... J'avais l'adresse de cet Anglais... J'ai repris le train. En route, il y a un nourrisseur qui m'a pris pour un provincial... il m'a proposé une poule... il croyait que je faisais mon marché moi-même... Je lui ai répondu

« Tuyau » : il a bien vu que j'étais un homme à la mode... très à la mode même puisque je vais toucher de l'argent... c'est aujourd'hui que... (Il cherche son ticket dans sa poche.) Qu'est-ce que j'ai donc fait du petit carton ?... Ah ! sapristi, je l'ai donné hier à Anatole.., et je ne sais pas où il demeure... mais alors je suis volé... Décidément... je disais mal tout à l'heure...: avant... j'étais intelligent... maintenant, je suis un imbécile...

LUCIEN PUECH

LE CROQUE-MORT

LE CROQUE-MORT

Ils ne sont pas recherchés en société, les croque-morts, mais ils sont utiles. Quand on a besoin d'eux, on les trouve, ce n'est pas comme les amis. Oui, je sais bien que si vous vous trouviez placé entre deux croque-morts, dans un omnibus, vous ne les inviteriez pas à dîner !

Pourtant ce sont des hommes comme les autres.

J'en connais un, il s'appelle Eusèbe. Eh bien, c'est un garçon qui est bon comme de la confiture, et serviable !

Croyez-vous qu'il a fait cadeau de son squelette au Muséum d'histoire naturelle, parce qu'après avoir servi aux morts pendant sa vie, il veut servir aux vivants après sa mort !

D'ailleurs ils sont tous du métier dans la famille.

Ainsi son père était croque-mort sous Napoléon III, et son grand-père sous Louis-Philippe.

Son cousin, qui est pharmacien, envoie ses malades à son oncle, qui est médecin, qui les envoie à Eusèbe, qui les enterre.

De cette façon, ils gagnent de l'argent tous les trois, avec la même personne!

Oh! ils sont très intelligents!

Eusèbe, lui, c'était sa vocation d'être croque-mort. Quand il était tout petit, il s'amusait à enterrer des hannetons. Au collège, il passait son temps à confectionner de petits catafalques en carton.

Tous les jours, à son goûter, il mangeait du pain et du fromage tête de mort. Les dimanches de sortie, il suivait les convois, il allait au Père-Lachaise comme on va en matinée.

A sa majorité, il n'a eu qu'une idée, enterrer sa vie de garçon. Il a épousé la fille d'un fossoyeur, le jour de la Toussaint.

Très drôle, son mariage. Il avait loué, au rabais, comme employé, les voitures des Pompes Funèbres.

En voyant passer tant de croque-morts (ils étaient deux cents), on a cru à l'enterrement d'un grand homme. Tout le monde se découvrait.

Comme il n'y avait pas de corbillard, un gamin s'est mis à crier : « Ah! mince! ils ont oublié le client! »

Drôle de noce.

Il n'y a rien de plus tranquille qu'un croque-mort. Eusèbe, c'est un bourgeois. Le soir, il rentre chez lui, rue Saint-Maur, il embrasse sa femme, ses enfants et soigne son jardin. Il a un petit champ de navets qu'il arrose en chantant le *De profundis!* ça le repose.

Dame, c'est un rude métier! Il faut en avoir le goût.

Le plus ennuyeux, c'est que les gens que l'on transporte ne vous donnent jamais de pourboire.

Maintenant, il y a des compensations. Eusèbe a enterré sa belle-mère lui-même! tout le monde n'a pas ce plaisir-là.

Ils sont charmants dans l'intimité, ces Messieurs. On ne croirait jamais qu'ils sont ce qu'ils sont.

Ainsi, Eusèbe, ce n'est pas parce que c'est un ami de ma femme, mais je vous assure que vous verriez Eusèbe en chemise, vous ne le prendriez jamais pour un croque-mort.

Eh bien, c'est la moitié de la vie qu'on passe en chemise; qu'importe alors pour l'autre moitié, qu'on soit croque-mort ou sous-préfet? Le temps passe quand même, et « le croque-mort, a cet avantage, qu'en se couchant, il est sûr de se réveiller croque-mort, tandis que le sous-préfet!.... c'est la vérité. Enfin tout cela, c'est des préjugés, et puis, d'ailleurs, comme dit le proverbe « A quelque chose croque-mort est bon. »

Demandez à Madame Eusèbe!

CHARLES LEROY

DÉVEINE

DEVEINE

Yès, Sir, yès, je avais devenou triste considéréble !

Je suis très malhérousse de tout ce qu'il mé dèvient arriver ; je paouvai jèmais faire comme tout lè monde, aussi je crois que je avais plousse qu'à dévenir mort !

Touté pétite, je étais pas très adroit, c'est oune malheur, mais c'est comme ça. Si je caourais, je fésais toujours taomber des petites garçoncs ; si je jouais à le toupie, mon ficelle, il devenait soi mal arrangée ; je croa, bref, mon toupie, il taombait taoujours sur le visège d'une pctite quémérade.

Aoh ! je avais vraiment pas du chance !

Plusse tard, jène homme, mon kieur il dévient possession d'une miss jaolie d'une manière considéréble.

Pour commencer relations, je souis cette perfète damesselle, et je aperçois il allait soi à l'église.

Je caourre rapidement devante ; j'entre, je retire mon chèpeau, et planté devant bénitier, jè attends cette joune fille pour lui offrir eau bénite.

Il entre ! Traoublé dans mon dedans, je perds mon pauvre tête ; je trempe mon chèpeau dans eau bénite, et pour avoir cette grande bonheur de offrir moa-même cette chaose, je prends soi dépêcher, et quand la damesselle, il s'avance, je lui crève oune œil avec mon doigt.

Aoh ! je avais vraiment pas de chance !

Oune autre jour, plousse tard, je dinais chez mon fiancée, et pouis on m'a mis à le porte ; voilà porquoi :

Lè dîner il s'avait devenou finite. On disait des chaoses très remerquèbles.

Moa aussi, je disais des chaoses très remerquèbles.

J'avais devenou penché dessusse mon tchèse.

— Aoh ! devenez attention, il me dit médème mère : cette parquette il est ciré et vous alliez devenir taomber.

— Nao ! je dis ; tombe jèmais, et je continoue mon rèmerquèble chaose que je avais commencé.

Tout d'un coup, mon tchèse il glisse ! Alors, pour me soi retenir, je rétreppe à le nappe ; mais jè tombe tout même, en emportant le nappe et la toute vaisselle, candélables, flers, etc., qui se trouvait dessusse, et je casse toute cette mèchine.

Traoublé, ému, une traouble il mè prend et je laisse échapper une chaose très... vilaine, que tout le monde il en a dit : shocking !

Aoh ! Je avais vraiment pas du chance !

Oune autre jaour, oune de mes émis il achète oune très jaolie pendoule paorcelaine de Sèxe.

C'était oune chaose very remarquèble, rare, très chère, mégnifique ; il était heureuse baocoup de son équisichonne. Aoh ! je dis, c'est une chaose edmirèble ; permettez je régarde.

Je prends cette pendoule ; je la tourne, je la rètourne, et au moment de la rèplacer, je fais elle taomber sur marbre du cheminée de ma ami.

Aoh ! il était en tout pleine petites bouts !

Je avais vraiment pas du chance !

Por faire comme toutes mes concitoyens du beau pays do l'Angleterre, je me mèrie, et jouste, mon dème il avait pas toujours idée comme pareille de moa.

Alors je souis obligé taoujours lui donner des calottes ; c'est dommège... parce que ça mè fatigue.

Aoh ! que je avais donc pas du chance !

Dernièremente, oune pauvre messié il est renversé par oune fiacre ; il avait toute plein mal à son guibolle,

Alors comme j'ai oune grande bon kieur, et puis

oune aussi messié, nous prénons cette pauvre bonhomme pour transporter lui chez messié le phermécien.

L'autre, il avait pris le vieux par ses jambes, et moi je le tenais par son tête.

Je aperçois pas le traottoar, je cogne soi-même ; pour pas taomber, je lâche cette bonhomme et lui casse son tête sur le pavé !

Aoh ! que je avais donc pas du chance !

C'est comme le semaine qu'il est finite. On arrangeait oune maison ; des peintres, ils fésaient taomber des petites gouttes de couleur sur toute le monde. Je vois cette chaose désagréable et un dème vieux qu'il allait recevoir de cette méchine sur son tête ; pour éviter lui cette grande contrariété, je le prends par son bras de vieille dème, je tire, et sans vaouloir lui causer le plus petite déségrèment, je fais taomber lui le figure dans le crotte.

Aoh ! je suis vraiment pas une messié qu'il a du chance !

Aoh ! tenez voilà qu'il est encore oune chaose bien ennoyouse à me soi rappeler :

Oune fois, oune ami de moa il avait oune douel avec oune autre gentleman. Je étais témoin de mon ami. On se battait à la pistolette.

En remettant la pistolette chargé à mon ami, je né sais comment je fais mon compte ; je crois lui donner oune bon poignée de main ; je serre, quoi ? le détente, sans doute. Bref, je le tue !

Mais c'est qu'on m'a dit oune tas de sottises encore !

Avouez que je n'ai vraiment pas du chance !

Aussi je souis dégoûté du existence, et je voudrais bien devenir mort ; mais j'ose même plousse essayer souicider moa, car il m'arrive des chaoses comme personne il arrive.

Ainsi tenez, hier, je prépare oune verre d'eau soucrée avec poison dans le chaose.

Le dème concierge, qui fait mon ménège pendant que mon dème et le bonne ils sont devenus partis à la campègne, il croa c'est oune bonne chaose, il avale cette verre d'eau, et c'est lui qu'il s'empoisonne à mon plèce.

Ce était vraiment bien indélicat de la part de cette dème !

Aussi je souis très contrarié, car l'existence il est vraiment très ennouyeuse quand on a si peu du chance ; comment voulez-vous que je aie pas le spleen ! !...

CHARLES LEROY

DIX MINUTES TROP TARD

DIX MINUTES TROP TARD

Je ne sais pas si vous avez de la chance, mais ce que je sais, c'est que je n'en ai pas. Vous en avez peut-être seulement quelquefois, mais moi, c'est raide, jamais!

Ah! ça a tenu à un rien, si peu de chose vraiment que c'est incroyable : c'est parce que je suis venu au monde dix minutes en retard. Parole d'honneur! tenez, jugez-en vous-même.

Je viens au monde le 31 décembre à minuit dix minutes, on me déclare à la mairie né le 1er janvier.

Me voilà électeur un an plus tard, je tire au sort un an plus tard, mais ce sont là des détails.

Ce qu'il y a de désagréable dans mon existence, ce sont ces diables de dix minutes qui me poursuivent partout.

En pension, chaque fois qu'on m'interrogeait, je ne me souvenais de ce qu'il fallait répondre que dix minutes après tout le monde, je passais pour un imbécile et j'en savais cependant autant que les autres. Le jour de ma première communion, on m'avait fait beau comme un astre ; mes parents me conduisent à l'église, dix minutes avant d'arriver, il se met à pleuvoir, oh ! mais, à verse !

On cherche une voiture, on finit par en trouver une, et j'arrive enfin à la messe... dix minutes après la communion finie. Alors, comme ma famille était vexée, j'ai reçu des calottes.

Du reste, quand on m'amenait quelque part, c'était toujours la même chose. Voulait-on me conduire à la campagne, mon chapeau s'envolait, je perdais mon soulier, j'avais mal au ventre, ou je cassais quelque chose à la devanture d'un marchand ; le temps de réparer l'aventure, et on manquait le train de dix minutes.

Voulait-on me conduire au théâtre ? la buraliste disait que la dernière place était louée depuis cinq minutes.

Si on me laissait à la maison, c'était différent, les gens arrivaient à l'heure partout.

Plus tard, quand je suis devenu libre de mes actions, ça n'a pas changé.

S'il reste une place sur un omnibus, je ne cours

même plus après, on la prend généralement au moment où j'empoigne la rampe !

Si je veux voir quelque chose, c'est toujours fermé depuis dix minutes. Et je n'ose pas essayer d'être en avance : — pour une fois que cela m'est arrivé, j'ai été renversé par un corbillard.

Il faut en prendre mon parti, me direz-vous !

Eh ! parbleu, je le sais bien, ça n'en est pas moins désagréable, car ce retard — dont je ne puis cependant être responsable — me poursuit partout, et dans toutes les circonstances de ma vie.

Ainsi, tenez: Je tombe amoureux d'une fille charmante, bien élevée, douce, très aimante ; les parents, que je connaissais depuis longtemps, me recevaient en ami. Je venais toujours dix minutes en retard au dîner, c'est vrai, mais ils en riaient ; ces braves gens ne se doutant pas que ces dix minutes étaient une réelle infirmité chez moi.

J'étais empressé près de la jeune fille, mon intimité dans la maison me permettait certaines libertés qu'on n'aurait endurées que chez un amoureux déclaré. Je l'embrassais en la quittant, la maman souriait, on m'appelait le *vieux laid*, c'était charmant. Jamais, me dis-je, je ne trouverai une occasion pareille de me marier ; profitons-en.

Un beau jour, je me décide à faire ma demande au papa, qui me répond :

— Ah! sapristi de sapristi! pendant longtemps nous nous en doutions; mais comme vous ne vous décidiez pas, nous avons fini par croire à une simple amitié, et nous venons de promettre la main d'Amélie à M. X... Ah! tenez, il sort d'ici il y a cinq minutes.

Très morfondu, je me décide à demander la main d'une autre jeune fille; il n'y avait pas trois minutes que ma demande était faite qu'on m'annonce que Monsieur X..., le fiancé d'Amélie, était mort la veille d'un coup de sang.

Abandonner ma future, qui était fort bien, pour aller redemander la... veuve avant la lettre..., ma foi non, et je me marie, — après avoir fait attendre le maire, bien entendu.

Mes retards perpétuels exaspèrent ma femme; au bout de quinze jours, elle me dit des mots durs, je lui en réponds de raides, ma belle-mère s'en mêle, alors ça va plus mal.

Enfin, un beau jour, je me dis : Ça ne peut pas durer; il y avait plusieurs jours que nous nous boudions, ma femme et moi, c'était bien la dixième fois depuis deux ans; j'entre dans sa chambre sans la prévenir,... Il n'y avait plus de doute possible!!...

Sur le premier moment, ça vexe, et comme on

ne sait quoi dire, on s'écrie toujours : Madame !... et c'est tout.

Je fais comme tout le monde, je crie : Madame !... L'autre file ; ma femme se jette à mes genoux en s'écriant :

— Pardonne-moi, mon ami, je t'en supplie, car c'est ta faute ; tu aurais si bien pu l'empêcher !

— Comment, l'empêcher ?

— Hélas ! oui... il y a à peine... dix minutes... pour la première fois.

Je suis peut-être un imbécile, mais devant ces fatales dix minutes, que voulez-vous, j'ai pardonné !...

Mais vous verrez que ma déveine ne s'arrêtera pas là. Je vous parie que je mourrai dix minutes avant ma belle-mère !

OCTAVE PRADELS

UN DUEL DE BARBASSON

UN DUEL DE BARBASSON

Je ne peux pas sentir tous ces parisiens,
C'est un tas de blagueurs ! Tenez, l'autre semaine,
Rémy vient me voir. « (Té, me dit-il), je t'emmène
« Chez Marius, veux-tu ? Ce soir, outre les siens,
« Un savant de Paris, arrivé de la veille,
« Y sera. Ce savant, parait-il, fait merveille
« Comme magnétiseur... partout on en parla...
« Barbasson, connais-tu cette science-là ? »
« — Rémy, tu me fais peine avec ton innocence...
« Tu fais trop voir que tu n'es que de Tarascon...
« Tu ne progresses pas ! Sache bien, mon garçon,
« Que tous les Marseillais sont savants de naissance ! »
Nous allons. En entrant, je fais sensation
Par ma belle prestance et ma fière attitude,
Mais ça ne me fait plus grand chose... l'habitude !
Le savant commençait une description.
De suite, en l'écoutant, je sens qu'il m'horripile !

Pas moyen, avec lui, de placer un seul mot.
« Négatif... positif... conducteur... pôle... pile... »
Un jargon de barbare, un langage de sot,
Avec *l'assent* du Nord ! et, comble d'insolence,
Lorsque j'interrompais, il m'imposait silence !
« L'occasion viendra ! » murmurais-je... Elle vint.
Il dit : « Je ne suis pas venu, je crois, en vain
« A Marseille... et j'aurai dans votre belle ville
« Des sujets à foison. » A ces mots, je bondis
Et tous les invités m'écoutent, interdits :
« Ah ça, vous nous croyez donc l'âme bien servile ?
« Et pensez-vous ainsi pouvoir, impunément
« Nous narguer, sans qu'on vous allonge un peu l'oreille ?
« Sachez, parisien de mon cœur, qu'à Marseille
« Il n'est pas de sujets !... des maîtres, seulement ! »
Le pédant me répond, tout en haussant l'épaule :
« Vous êtes fou. » — Comment ? espèce de vieux drôle ! »
Et je lève la main... mais l'insolent, plus prompt
Me détache une gifle... un soufflet !... quel affront !!
Je lève les deux poings... mais, de sa main fermée,
Il m'envoie un second soufflet !... Tonnerre et sang !
Je m'apprête à briser d'un seul coup le pygmée...
Chaque invité tremblait et pensait frémissant :
« Il est perdu, cet homme, il taquine la foudre...
« Barbasson, furieux, va le réduire en poudre. »
J'étouffais ! Des éclairs sortaient de mes cheveux !
Mais la raison, parfois, fait taire la colère
Et je dis au faquin d'une voix forte et claire :

« Monsieur, vous êtes mort à l'instant, si je veux,
« Car je suis Barbasson ! et ma force est extrême...
« Imprudent ! savez-vous qu'à quinze ans, tron de l'er !
« On m'appelait déjà Barbasson bras de fer ?
« Quand je plissais le front chacun devenait blême
« Et bien souvent, je me faisais peur à moi-même !
« Mon renom resplendit et sur terre et sur mer,
« J'ai parcouru le monde et j'ai traqué le fauve
« A l'heure où vous dormiez tranquille en votre alcôve.
« J'ai tué des lions ! j'ai scalpé des Indiens
« — Gibier autrement dur que les parisiens, —
« Je me plais aux combats dangereux, difficiles...
« Devant moi la tigresse elle-même a frémi.
« J'ai chassé l'ours blanc... et, demandez à Rémi,
« J'ai jonglé, près du Caire, avec des crocodiles !
« De mes exploits nombreux personne n'a douté...
« Avec les plus malins, en riant, j'ai lutté...
« Donc vous êtes mort ! » Alors, calme et superbe
J'ajoutai : « J'enverrai mes témoins... et demain
« Un de nous deux, monsieur, sera couché dans l'herbe. »
Et là-dessus, je sors, fier comme un vieux romain.
On fit choix de l'épée. Au jour, sur le terrain
Mon savant arriva, rouge, mine hardie.
« Et ! (fis-je) il va trouver forte la comédie,
« J'ai ma botte secrète... et plus d'un en est mort...
Oui, mais (pensais-je aussi) j'aurai trop de remord
D'avoir tué ce pauvre insensé... car, en somme
Quoique parisien, bagasse ! c'est un homme,

Et je faisais des bonds terribles de côté
Pour ne pas le toucher... hé ! j'étais admirable !...
Je rompais, il est vrai, mais par humanité.
Pourtant cet enragé devenant redoutable...
Une inspiration étonnante naquit
Dans mon cerveau fécond... elle vint, grâce à qui ?
A mon parisien... « J'ai du fluide, en diable,
« Peut-être... essayons donc sur ce fol ennemi ! »
Alors, de ma main gauche, en rompant de plus belle...
Vhuit !... je lance aussitôt une forte étincelle
Au front de l'adversaire... il tressaille... il chancelle...
Je redouble... *vhuit... vhuit...* il s'arrête endormi !
Ses témoins le voyant comme ça, viennent vite ;
Je ne perds pas de temps... *vhuit... vhuit...* aucun n'évite
La décharge... et sur place, ils dorment à l'instant...
Mes témoins me gênaient, je leur en fais autant :
Les voilà tous les cinq, le corps droit et rigide...
Oui, mais, j'ai le malheur de me toucher le né
Avec la main chargée encor de mon fluide
Et je m'endors moi-même !

       A midi bien sonné,
Je me réveille, Les cinq toujours sous le charme
Dormaient. Je fais coucher d'un geste impérieux,
L'autre, tout de son long... vite, je le désarme,
Et je commande à tous : « Réveillez-vous !... je veux !... »
Alors, mettant au cœur du pédant ma flamberge :
« Ronds-toi, car je suis las de t'épargner ainsi
« Depuis cinq heures... tu pourras mettre un beau cierge.

« A Notre-Dame... allons ! demandes-tu merci ? »
Tableau ! Tous avaient l'air d'insensés, ma parole !
« Oh ! Monsieur Barbasson, j'avais la tête folle
« (Me dit-il) voudrez-vous me pardonner, mon bon ? »
« — Soit ! mais que ce duel te serve de leçon...
« Bénis Dieu qui me mit au cœur tant de noblesse
« Et va-t-en commander vite la bouillabaisse. »
Pensez si l'on parla du duel dans la presse !
Le lendemain de ce combat sans précédent
De cette belle lutte épique et sans pareille
Qui fit jaser deux mois la province et Marseille,
Du cercle de l'escrime on me fit président !

ELLE !

(Malechot entre rapidement.)
« Ça y est !... Il est manqué !... Ça ne m'étonne
« pas, d'ailleurs, j'en avais un pressentiment... »
(Au Public.)
Vous me regardez avec un air surpris... Ah ! je
comprends... Vous vous dites « Manqué. Quoi ?..
Son train ? Son rendez-vous ? Son monologue ?... »
Non... Je vais m'épancher dans vos seins, ça me
soulagera... Eh ! bien, c'est mon mariage.

Oui... me voilà condamné à figurer encore longtemps au folio du célibat ! Et tout ce qui m'arrive,
savez-vous à qui je le dois ?

A elle !...

A elle qui ne pouvait me laisser dormir après
un certain souper au Lion-d'Or. — Et cela pendant
huit nuits consécutives... Alors vous comprenez...
J'ai pris la résolution de m'en séparer, il y a

quinze jours environ... Ah ! certes, cette séparation m'a causé une vive douleur... Pensez donc, nous avions grandi ensemble... Ça n'a pas été sans un certain déchirement que je l'ai vue partir... Elle tenait tant à moi !...

Je sais ce que vous allez me dire : « Une de perdue... n'est-ce-pas ?... » Autrefois, oui, mais aujourd'hui... je suis trop vieux ; elle ne reviendra plus... sûrement... Ah ! quelle place vide elle a laissée !... Je l'ai bien remplacée, mais... ça n'est plus ça... la preuve est là, évidente. Elle vient de me faire manquer l'hymen, avec Mathilde Bricoulant, un ange... un ange blond comme la bière de Grüber... Mais aussi, qui aurait pu croire qu'un ami comme Dupanet irait raconter à mon futur beau-père que ?... Ça ne se dit pas ces choses-là... Et encore, le traître, il a exagéré en ajoutant : « Vous savez, je suis sûr qu'il n'a pas que celle-là... » Ayez donc des amis !

Moi, ignorant le bavardage de Dupanet, je me rends ce soir à l'invitation bi-hebdomadaire de mon futur beau-père... J'allais franchir la porte lorsque le concierge s'adressant à moi : « Monsieur Maléchot... je crois ?... — Parfaitement. — J'ai ceci à remettre à Monsieur... — Une lettre ?... L'écriture de mon beau-père !... » Je vais pour décacheter, lorsque ce... chevalier du cordon se précipite sur moi, ajoutant : — « On m'a dit de vous dire que vous alliez la lire chez vous. » — Un horrible pressentiment traversa alors mon cervelet... — Heureusement, je n'étais pas armé... Le Cerbère était toujours là me regardant avec un rire bête... (Haussant les épaules...) Ah ! que je suis de l'avis de je ne sais plus quel grand naturaliste, qui a dit que de tous les animaux, la plus vilaine conquête que l'homme ait jamais faite, c'était... le concierge.

Je partis rapidement, cette lettre brûlait la poche de mon pardessus... Enfin, j'arrive chez moi, je l'ouvre... — Ah ! quel coup !... (Avec sentiment.) Je vais vous la lire, tenez :

« Monsieur,

« Vous n'avez pas été franc avec moi. M. Du-
« panet, notre ami commun, près duquel j'ai pris
« des renseignements, m'a dévoilé un mystère
« que vous teniez soigneusement secret : vous
« êtes, paraît-il, possesseur de plusieurs fausses
« dents ; ces dernières amenant les maux d'esto-
« mac et ceux-ci la brouille dans le ménage, j'ai
« le regret de vous prier de suspendre vos visites
« quotidiennes... « — Agréez, etc..., etc... » —
(Furieux.) Et vous croyez !... Manquer mon bonheur à cause d'elle !... (Avec mépris.) Une fausse dent !...
— Ah !... (Il se cache la tête dans les mains.)... Vous comprenez qu'il m'est impossible de vous réciter un monologue ce soir.

(Il se retire.)

PAUL CLOQUEMIN

EMPLOYÉ DE MINISTÈRE

EMPLOYÉ DE MINISTÈRE

J'suis employé au ministère
Au ministère de la guerre.
C'que j'ador' dans les ministères,
C'est qu'on n'a rien du tout à faire,
Même aux Affaires étrangères
On est étranger aux affaires.
Je vois partout de pauvres héres
Se donner un mal de galère.
Pourquoi poursuivre des chimères?
On dort si bien au ministère !
Vers midi d'une marche altière
Je m'dirig' vers le ministère :
Là, pendant deux heures entières,
Je me prépar' à ne rien faire,
Je vais boir' quelques bocks de bière
Puis je reviens au ministère,

Et j'continue à ne rien faire.
C'qu'est agréable au ministère,
C'est qu'on y fait ce qu'on préfère.
De la politique incendiaire,
De la littératur' légère,
Tout, sauf la b'sog'n du ministère.
Dans tout' espèce de carrière
Combien de déceptions amères !
Pas d'imprévu au ministère,
On suit tout douc'ment la filière;
Avec une conduit' régulière
On attach' à sa boutonnière
Vers soixant' ans la chevalière;
L'administration vous révère.
Je vois les gens dans les affaires
Saluer leurs clients jusqu'à terre.
Faut voir d'quelle façon cavalière
On r'çoit l'public au ministère.
Il est vrai qu'tout est éphémère,
Mêm' les employés d'ministère.
Lorsqu'on d'vient valétudinaire
Et qu'on vous chass' du sanctuaire,
On est un peu dans la misère.
Ne croyez pas que j'déblatère :
On aim' mieux dans les ministères
Mourir de faim et ne rien faire.
Aussi lorsque j'ai été père,
J'ai béni mon fils Eleuthère,

En lui disant d'une voix fière :
« Tu respir'ras l'air délétère
Qui circul' dans les ministères ! »
Permettez un conseil de frère :
Que vous soyez apothicaire,
Dentiste, épicier ou notaire,
Quittez ces situations précaires ;
Entrez tous dans les ministères.
Les ministères ont au contraire
Une position irrégulière.
Combien, tombés du ministère,
S'raient heureux d'êtr' surnuméraires !
J'sais bien qu'des gens atrabilaires
Prétend' qu'ils se r'tir' millionnaires.
Ce sont des langues mensongères.
Comme tout' les fonctions d'ministère,
Cell' des ministr' sont honoraires,
Ils ont près d'eux des secrétaires
Qui les aident à ne rien faire.
La conclusion de cett' affaire,
C'est qu'en Franc' dans les ministères,
On n'a jamais rien eu à faire.
Aussi ces vers extraordinaires,
J'les ai écrits au ministère.

E. BANEUX

ENRAGÉ !

ENRAGÉ !

Enragé !... je le suis !!! Longtemps j'en ai douté,
Mais je vois bien hélas ! que c'est la vérité !
　J'éprouvai tout d'abord certaine inquiétude,
Du vague dans l'esprit, du dégoût pour l'étude ;
Je sentais au gosier comme une âcre chaleur,
Je voulais boire, et l'eau m'inspirait de l'horreur !
Je rêvais des plaisirs ténébreux et sinistres :
Mordre dans un huissier ! Embrasser des ministres !
Convaincu de trouver en lui seul mon sauveur,
Je confiai mon sort au bon Monsieur Pasteur,
Qui, depuis ce matin, me traite comme un père,
Me soigne et m'inocule un virus salutaire.
Mais je ne vais pas mieux : « Tel que vous me voyez,
Je suis beaucoup plus mal que vous ne le croyez,
Lui dis-je ; j'ai toujours des terreurs, des fantômes ;
De la rage, en un mot, j'ai toujours les symptômes. —

— Quel féroce animal, dit-il, vous a mordu ?
Une hyène, un chacal ? — Non, c'est ma belle-mère !
— Oh ! alors, mon ami, vous êtes bien perdu ;
Votre cas est trop grave, et je n'y puis rien faire.
Comment donc vous advint cet affreux accident ?... »
Et je fis ce récit à l'illustre savant :

A peine nous sortions des portes de Vincennes,
Ma femme et sa maman dans le char huit cent six,
Moi leur tournant le dos, près du cocher assis ;
Sur Cocotte nos mains laissaient flotter les rênes.
Nous avions fait sur l'herbe un frugal déjeûner
Et rentrions tous trois à Paris pour dîner.
Belle-maman portait au front quelques nuages ;
Un silence agité, précurseur des orages,
Me faisait pressentir un prochain ouragan :
Le char numéroté roulait sur un volcan !
Il fallait un motif pour exhaler sa bile ;
Ma cigarette en fut le prétexte futile :
— « La jolie habitude ! Ah ! pouah ! c'est une horreur,
Dit-elle, il faut vraiment qu'un homme ait peu de cœur :
Empester de la sorte une mère et sa fille !...
Quand vous êtes venu me demander Camille,
Vous l'avez bien caché, cet horrible défaut ;
Vous aviez l'air alors d'un homme comme il faut.
— Mais, je ne m'en plains pas, maman, disait ma femme.
— Tu le dis, pauvre enfant, mais au fond de ton âme
Tu souffres, je le sens. Bientôt, tu verras ça,

ENRAGÉ!

Les vices de Monsieur ne s'en tiendront pas là.
C'est toujours par deux sous de tabac qu'on commence,
Et petit à petit l'on double la dépense;
Puis, on entre au café quelquefois..., par hasard;
On y va tous les jours ensuite ; on rentre tard,
Et la femme se dit, confiante et crédule :
Serait-il arrivé quelque accident à Jule?
Sur la pente l'on glisse, et pour comble, grand Dieu!
Survient fatalement la passion du jeu!
Et l'argent du ménage en peu de jours s'épuise;
Tout y passe, on en vient à vendre la chemise
De sa femme!... Et l'on met, cruelle extrémité!
Son dernier matelas au Mont-de-Piété!!! »

Imperturbablement je gardais le silence.
Pour me faire sortir de mon indifférence
Elle fit tant qu'enfin elle atteignit son but :
Je perdis patience et lui répondis : Zut !
Alors elle bondit ainsi qu'une tigresse;
Son œil lance du feu, son faux chignon se dresse !
Son rictus s'élargit, énorme, monstrueux!
Sa croupe se recourbe en replis tortueux!
Elle blêmit, rugit, écume, grince, enrage !
En me mordant enfin elle assouvit sa rage!!!
Je sentis par derrière une vive douleur
Qui me fit sursauter et m'alla droit au cœur.
L'Evangile, en ce cas, dit : « Tendez l'autre joue. »
Je ne profitai pas du conseil, je l'avoue.

Par un raffinement de la fatalité,
Son ratelier, Monsieur, dans la plaie est resté!...
Pour me débarrasser de ce trait diabolique,
Et trouvant dans l'histoire un exemple identique,
Comme Épaminondas, percé d'un fer mortel,
J'arrache bravement cet instrument cruel ;
Dans ma juste fureur, loin de moi je le jette ;
Il siffle dans les airs et tombe dans l'assiette
D'un monsieur qui dînait au seuil d'un restaurant,
Et ricochant, toujours grimaçant, menaçant,
Entre comme une flèche en traversant les vitres,
Mord le nez d'un garçon en train d'ouvrir des huîtres,
Saute sur le comptoir, ricoche de nouveau
Et ne se calme enfin que dans un verre d'eau ! »
Voilà de mon malheur l'histoire singulière
        (Fredonnant tristement).
« Mes jours sont condamnés, je vais quitter la terre ! »
Ah! je ne croyais pas qu'un simple coup de dent
Aurait un jour pour moi cet inconvénient !
Puisqu'il est décrété qu'une telle morsure
Doit me causer, hélas ! une mort non moins sûre,
Désireux d'abréger les lenteurs du trépas,
Je m'en vais m'étouffer entre deux matelas ! (Au public).
Je vous laisse une veuve et vous la recommande ;
En mariage si l'un de vous la demande,
Qu'il musèle la mère, ou c'en est fait de lui !
Vous en voyez la preuve. On guérit aujourd'hui
Les morsures de chiens, loups, tigres et panthères;
Mais on ne guérit pas celles des belles-mères !

ALFRED GUILLON

LE GOURMET

LE GOURMET

(Entrant en colère.) Ah ! non... c'est agaçant à la fin... quand on voit des gens pas plus connaisseurs que ma... que mon... non, certainement, ils ne sont pas plus connaisseurs que cela... Eh bien, quand on voit ces gens-là venir vous dire des choses semblables ; (Haussant les épaules.) non, ça révolte, parce que moi, je suis connaisseur, je suis un gourmet, j'ai étudié, j'ai travaillé... pour les produits alimentaires... J'ai été sur les lieux de production pour déguster... il n'y a que cela de pratique. Aussi, quand je veux manger des sandwiches, eh bien, je m'embarque immédiatement pour les îles... du même nom... il n'y a que là qu'elles soient vraies... Tenez, le nougat de Montélimar, vous en mangez à Paris... moi pas, impossible ; il m'est même arrivé une histoire assez typique à ce propos et qui prouve si je suis connaisseur; arrivé à Montélimar, je demande du nougat... j'en goûte... je ne dis rien... j'en regoûte... (Après avoir fait le geste de goûter.) « Vous êtes bien de Montélimar, Monsieur?... » C'est moi qui dis cela au fabricant. (Avec hésitation.) « Mais... certainement... qu'est-ce qui peut vous..? » (Marchant d'un air menaçant.) « Vous êtes bien de Montélimar, Monsieur ? » Alors le commerçant en nougat rougit... c'est-à-dire non. pâlit... enfin, la couleur n'y fait rien, et finalement tombe à mes pieds en m'avouant qu'il est de Montmartre et que son nougat lui est envoyé chaque semaine de Paris... Je le savais bien... En entrant, j'avais vu la caisse avec l'adresse... vous comprenez, on ne me trompe pas moi;... ce qu'il y a de plus curieux, c'est qu'il est le seul marchand aujourd'hui vendant du nougat à Montélimar... tous les autres ont fait faillite... On ne veut que de son nougat à lui... c'est effrayant ce qu'il en réexpédie à Paris ! (En colère.) Et vous croyez que ça ne fait pas bondir un gourmet ces choses-là! C'est comme pour le vin..., ainsi, moi, je ne peux boire du Bordeaux qu'à Bordeaux... au moins là il est pur... et puis je les ai vu les Bordelais boire leur vin, ils ne le boivent pas comme tout le monde... comme vous, par exemple... Quand vous voulez boire, n'est-ce pas, vous.., (Faisant le geste de verser dans un verre.)

LE GOURMET 73

et puis après, vous... (Faisant semblant de boire.) Je ne voudrais pas vous dire des choses désagréables, mais, enfin... (En colère.) Alors ne vous dites pas connaisseurs, je me calmerai... Non, les Bordelais le versent comme ça, goutte à goutte,... puis ils posent leur verre et le regardent,.. après ils le reprennent... pas pour le boire, oh, non... pour le réchauffer (Faisant le geste de réchauffer le verre à deux mains.) comme ça, à deux mains... ils le gardent de 17 à 19 minutes... selon le tempérament de la personne... c'est même assez gênant pour manger... Quand il est au degré voulu... vous croyez qu'ils le... (Faisant le geste de boire.) oh ! non, pas encore, (Sentant.) ils le sentent,.. sentent... A ce moment-là tout le monde a le nez dans son verre... c'est assez joli comme effet ;... alors on renverse un peu la tête...on ferme les yeux (Faisant le geste de respirer avec ivresse.) Au premier moment ça semble un peu... Mais au bout de... non, non, non... De retour chez moi à Paris, je trouve une invitation à diner pour le soir même... Je m'y rends... on sert du Bordeaux... vous comprenez je ne peux plus le boire autrement maintenant que... (Faisant le geste de réchauffer le vin et de le sentir avec ivresse.) Je le réchauffe comme ça avec mes deux mains... je me renverse la tête pour le parfum, vous comprenez... Je ferme les yeux... à ce moment ma voisine... une grosse dame, croit que je me trouve mal (elle n'avait jamais été à

Bordeaux), elle pousse un cri et se précipite sur moi... Je ne comprends pas tout d'abord... Je crois qu'elle veut m'embrasser... j'ai peur... elle était énorme! Comme je n'avais pas de manteau sur moi à lui abandonner... comme cela se pratique dans ces cas-là, depuis la plus haute antiquité... pour la faire lâcher... sans réflexion, je lui verse tout mon verre dans son corsage! (Souriant et indiquant une forte poitrine.) Et je vous prie de croire qu'il pouvait en contenir des petits verres... son corsage...! Alors la voilà qui crie plus fort en disant que ça la glace (Haussant les épaules.) Ce n'était pas vrai... Il y avait 18 minutes que je le réchauffais comme ça à deux mains... Maintenant vous savez, les femmes, faut toujours que ça se plaigne... A ce moment-là le maître de la maison se fâche lui aussi... j'ai beau leur expliquer que j'arrive de Bordeaux; (Faisant de nouveau le geste de réchauffer le vin.) que c'est comme ça qu'on boit le vin à Bordeaux... Ils ont l'air de n'y rien comprendre... des abrutis!... Pendant ce temps-là on servait le rôti.. je consulte mon menu... « poularde truffée »... j'examine attentivement (En colère.) leur poularde était un chapon! et les truffes,... ils appellent ça des truffes: (Haussant les épaules.) pitié! quand je veux en manger des truffes... je pars pour le Périgord et je les cherche moi-même... je les déterre moi-même; et, alors j'en mange des truffes et des vraies,... maintenant, je ne dis pas que ça soit très agréable d'être là à quatre pattes à... (Reniflant comme déterrant des truffes.) avec son nez... d'autant plus que généralement on n'est pas seul à les chercher, les truffes... on a des compagnons qui grognent autour de vous; (Imitant le grognement du cochon.) et puis, dans ce pays-là... les habitants ont une sotte habitude... aussitôt qu'on a trouvé une truffe... vlan, ils vous tapent sur le nez avec un bâton... pan, pan, pan... c'est idiot... de plus ça fait mal... Je comprends très bien qu'ils grognent les autres... mais moi-même à la fin... Je m'étais mis à grogner aussi moi... ils n'ont aucun usage dans ce pays-là.

Au dessert on m'offre des liqueurs... du genièvre... de l'anisette... Je regarde les marques... (Haussant les épaules.) (En colère au public.) Mais vous ne savez donc pas qu'il n'y a qu'un seul genièvre au monde... c'est le *Genièvre de Brabant*, et qu'une seule anisette, la *Nisette de Béranger*... et vous venez m'offrir,... (Changeant de ton.) Mais pardon... je suis obligé de vous quitter pour assister à une exposition de rougets... à Lille... très connus... *Rougets de Lille!*

DANIEL GRANT

LA GUIGNE

LA GUIGNE

Oh ! la Guigne ! Oh ! la Guigne ! Oh ! la Guigne ! Oh ! la Guigne !
      Mot odieux et chose indigne.
      Méchante, amoureuse du mal,
      Goguenarde, lâche, cruelle,
Possédant de noirceurs un complet arsenal,
Et pour comble... presque toujours spirituelle !
      Ah ! lorsque d'un arrêt brutal
      Elle frappa une pauvre tête,
      Rien ne conjure, rien n'arrête
          L'effet fatal !

Comme ces noirs démons que l'on ne voit qu'en rêve,
Ayant jeté sur moi son perfide grappin,
Elle m'a poursuivi, sans relâche et sans trêve,
      Et donné le coup du lapin !
      La première fois, — on est en automne, —
      L'air est embaumé, le temps radieux,

Le chemin poudroie et Phœbus rayonne
D'un éclat d'été dans l'azur des cieux :
C'était fête dans la nature,
Et fête dans mon cœur aussi.
Savez-vous où j'allais ainsi ?
La plus suave créature,
Qu'on puisse jamais concevoir,
M'attendait ! L'heure était fixée
Le jour pris ; elle allait enfin me recevoir !
Un fait dominait ma pensée :
J'allais la voir ! J'allais la voir !

En descendant à la gare,
J'avais pris, à travers champs,
Au hasard, demandant, cherchant...
De mes pas n'étant point avare.
Ayant laissé la ville là,
Je marchais à la découverte
D'une ravissante villa
Enfouie au sein de l'herbe verte.
Mais, je l'ai dit, le ciel était de feu,
C'était le plein de la journée,
J'aurais voulu me rafraîchir un peu...
— Qui pourrait se flatter de fuir sa destinée ! —
Je marchais, suivant un sillon,
Au beau milieu d'un champ de vigne :
Sans me détourner de ma ligne,
Je me baisse et je cueille un petit grappillon...

Dans cette solitude morne,
Où mon œil ne comptait que des rangs d'échalas,
Je vois surgir un tricorne,
Et puis des gens armés... Un, deux, trois, quatre... un tas !
Chacun à s'écrier s'époumone,
Et ces chevaliers de Pomone
Du milieu de leurs ceps
Me déclarent procès !
Je veux fuir... Bon ! Cerné ! Je me défends, on cogne !
— *Beau Parisien ! Pas tant d'façon !*
Dit le plus chaud à la besogne.
Faudra qu'ça t'serve de leçon :
J'allons t'conduir' chez Mosieu l'Mare !
— Jamais ! Je me débats... De tous côtés pressé,
J'ai l'œil poché dans la bagarre...
Mes habits en lambeaux, mon chapeau défoncé,
On me pousse, on me bourre, on me traîne au village.
Le Maire me sermone et fait le personnage,
Rédige son procès, et ce nouveau Solon...
Me fait coucher au violon !
Vous voyez ça d'ici ! — Vous devinez le reste.
Au matin on me rend enfin la liberté.
Je n'avais pas même la veste,
Emblème consacré, chèrement remporté !
On me vend une blouse bleue
Et je rentre à Paris, en villageois vêtu,
Quittant cette horrible banlieue,
Mon rendez-vous manqué, pas content, et battu !

Ma grotesque mésaventure
N'était certes pas de nature
A mettre, vous le pensez bien,
Mes affaires d'amour en fort bonne posture.
Au lieu de tout conter, sans dissimuler rien,
De rire le premier de ma déconvenue
Et de montrer, tout franc et toute nue,
La vérité, dans un récit original,
J'imagine une histoire absurde, saugrenue...
Qu'on ne crut point, et que l'on prit fort mal !
Enfin la douce paix se signe :
La brouille avait duré deux mois !
Mais je croyais bien cette fois,
En avoir fini de la Guigne !

J'obtiens un rendez-vous... On consent à venir !
Dans mon petit logis, près du feu, portes closes,
Dans mes bras, je vais la tenir !...
L'amour, cet enchanteur, change l'ordre des choses !
Décembre ? Non, c'est Juin ! Il neige ! Il pleut des roses !

Le feu flambe joyeusement,
La chambre est chaude et parfumée...
Quelle joie ineffable et quel ravissement,
Que d'attendre la bien-aimée !
L'heure approche et bientôt... Mais, qu'est-ce que j'entends ?
Quelle est cette rumeur qui gronde
Et monte de la rue ? — Oh ! mon Dieu ! que de monde !

    Qu'importe ? Dans quelques instants,
Elle va... — Mais on crie... Hein ? Quel est ce vacarme ?...
On monte l'escalier !... J'entends des cris d'alarme...
On frappe à tour de bras !... — Ouvrez ! — J'ouvre : un agent
De police ! Un pompier ! deux pompiers ! casque en tête...
Une foule empressée et tout un contingent
De gêneurs !... C'est alors que commence la fête !
— C'est ici qu'est le feu ! Vite, ôtez tout cela,
— Dit un pompier. — Il n'est que temps ! Le papier brûle...
— Pif ! Paf ! La glace casse ! — Un drap mouillé ! — Voilà !
— C'est un tohu-bohu lamentable ! On bouscule
Tout. — Montez sur le toit ! Versez quelques seaux d'eau !
Eteignez ces tisons... Arrachez ce rideau...
— La fumée envahit tout, partout l'eau ruisselle !
O ciel ! Qu'ai-je aperçu !... Fidèle au rendez-vous,
Elle ! je l'entrevois un instant... C'est bien elle !...
Elle !... Mais en voyant tout sens dessus dessous,
Et ne goûtant que peu cette scène émouvante,
   — Aurais-je pu la retenir ? —
   En hâte et pleine d'épouvante,
Elle s'enfuit !... Pour ne plus revenir ! ! !

Je voulus triompher de ma chance maligne,
La revoir, l'attendrir, relever mon crédit...
J'essayai... Tout fut vain ! J'ai su qu'elle avait dit :
« Je ne le reverrai jamais ! Il a la Guigne ! »

CHARLES LEROY

L'HOMME JUSTE

L'HOMME JUSTE

Jeudi soir, je me suis trouvé tout à coup en présence d'un monsieur qui paraissait très en colère; comme il me regardait fréquemment de travers, je finis, impatienté, par lui dire :

— Monsieur, je n'ai pas l'honneur de vous connaître, et je suis désagréablement surpris de l'air avec lequel vous me regardez; auriez-vous quelque motif particulier qui vous oblige à me faire un aussi mauvais visage ?

— Naô, mésé.

Mon homme était Anglais, comme vous l'avez déjà deviné.

— Alore, pourquoi...

— Parce qué jé étais boco sétisfaite.

— Bah !

— Yès ! quand jé avais l'air ennouyé et colérousse, c'est qué jé souis contente, volà porquoi cette chaose. Je souis oune imbécile, oune bête ; alors, quand je réfléchissais cette chaose, je souis en colère, mais ça mé fé plaisir, parce qué jé avais la satisfécheune dé lé savoar, et qué jé avais pas peur qu'on me l'apprenne.

— Vraiment !

— Yès, gentleman. D'abord je souis oune homme jouste; il y a des messiés ils disé : je souis oune homme jouste, et pouis ils sont pas des gentlemens joustes di tout; mais moa jé souis jouste. Toute mon fémille ils sont des bêtes, yès !

Mon père était notaire, mon mère il avait oune grand nez rouge, mon frère il est idiot, et mon sœur il est devenu dème de ménége. Quand elle rit, on voit sa chemise... de l'autre côte.

Quand nous étions pétite, avec mon frère, toute le monde il nous donné des calottes parce que nous étions beaucoup bêtes, et puis toute le monde aussi il riait au nez de mon père et de son dème.

Enfin, nous étions beaucoup ridiquioules, et nous sommes devenus plus considéréble... le même chaose.

Les damasselles et les dèmes, et puis toute le monde avec, il appelé moa : grande serin, avant mon mériége, mais jémais maintenant, pour pas froasser mon dème, sans doute, car jé souis toujours très bête.

— Mais...

Jé compréné, yès, mais vous comprenez pas.

Voilà lé chaose : jé souis oune homme jouste, jé avé dit a vo ; eh bien ! jé souis heureux savoar jé souis bête, mais jé souis colérousse d'être pas malin, parcé qué jé souis tourmenté, yès ; figourez-vo, mésé, mon dème, il est jaolie, bocoup jaolie, et pas bête ; alors jé souis malheureuse de cette chaose. Il disé qu'il mé trouvé très comme il fallé, C'été pas une chaose possible, mésé !

Mon dème, il était pas... véritèble.

Jé avais oune petite garçonne qui mé ressemblé, c'est très ennouyouse. Oui, mésé !

— Cependant...

— Naô ! pas cépendant ; jé disé c'été pas nétourelle di toute.

Mon dème il a paouvé pas aimé moa, je souis trop bocoup bète ; aussi, porquoi qu'il disé cette chaose ?

— Mais c'est...

— Jémais dé lé vie, mésé, vous disé pas le vrai. Jé avé dit que jé étais jouste, eh bien, jé souis fâché que mon dème ne soit pas jouste, car s'il était jouste, il aimerait pas moa.

Jé avai l'air de croare parcé qué jé souis faux ; jé souis jouste : jé souis faux : mais jé lé croayai pas tout de mème, et alors jé souis beaucoup dans le tourment dans le dedans, et jé fesai moi cette questionne :

Tu trouves ton dème intelligent et toa oune bête ?
—Yès !

Eh bien, si ton dème il être pas oune bête, il devé pas aimé toa ; s'il aime toa, il est donc oune bête ? s'il était oune bête, alors il trompe toa, pouisque tu croa il était pas oune bête, et qu'il est oune bête tout de même ?

Voilà mésé, pourquoi jé souis malheureux d'être oune homme jouste.

— Vous avez...
— Naô !
— Mais vous ne savez pas ce que je veux dire ?
— Ça fésai rien, mésé ; c'est nao tout de même, yès !

Puis mon Anglais me quitta, me disant d'un air absolument préoccupé :

— Jé vé allé regardé si mon dème il mé trompé pas avec oune autre gentleman.

Oui, mésé, s'il mé trompé, je serai en colère, mais ça mé fera plaisir, parce qu'elle m'aura pas trompé puisqué jé croa ellé mé trompe.

Mais si elle né me trompé pas, je serai en colère d'être satisfaite, parce qué comme je croa il trompé moa, s'il mé trompéra, il mé trompera en me trompant pas, exprès pour mé tromper.

Bonsoir, mésé, devenez bonne santé !

A. DELILIA

L'INVENTEUR

L'INVENTEUR

Je suis inventeur ! Oh ! inventeur-amateur tout simplement. Mais enfin, je viens de composer un petit appareil... je ne vous dis que ça. Ma machinette est assez compliquée !..

C'est en métal. Il y a du fer, beaucoup de fer. Cependant, il y a aussi du bois, beaucoup de bois,

Et un peu de faïence !...

Du reste, ce serait en cristal, en carton ou en papier mâché, que ça ne ferait absolument rien. Je suis un inventeur à la portée de tout le monde, c'est ce qui fait ma force.

D'abord, nous avons une chaudière... pour chauffer... avec de l'eau bouillante... et du feu dessous.

C'est, je crois, le seul moyen qu'on ait trouvé pour avoir de la vapeur. Ah ! vous me direz : « Si l'on mettait le feu dessus ? » Ça m'est égal, si ça peut vous faire plaisir. Seulement, c'est plus long.

Donc, je chauffe. Suivez-moi bien.

Je ne sais si je me fais bien comprendre ?...

Le feu fait : Brrou... brrou... brrou...

L'eau qui chauffe fait : Glou-glou... glou-glou... glou-glou...

Nous avons alors un piston dans son tube qui reçoit la vapeur à l'avant... à moins cependant que vous ne préfériez la faire arriver à l'arrière. Car vous pensez bien que pour être bon inventeur, il ne faut mécontenter personne.

Le piston va et vient comme ceci (il fait le mouvement.) en faisant : Ksss... ksss... ksss... ksss.

Vous me suivez bien. Je ne sais pas si je me fais bien comprendre ?...

Le feu fait : Brrrou... brrrou... brrrou.

L'eau qui chauffe : Glou-glou, glou-glou.

Le piston qui glisse : Ksss... ksss... ksss... ksss.

C'est parfait.

Le piston communique par une bielle — les mécaniciens appellent ça une bielle, on ne sait pas pourquoi, mais ça ne nous regarde pas — le piston communique donc par une bielle à une roue... ronde... autant que possible. Mais elle serait carrée ou triangulaire que je n'y verrais pas d'inconvénient.

Cette roue (imitant le mouvement.) fait : Rrrrrr... rrrrrrr... rrrrrrr.

Vous me suivez bien, je ne sais pas si je me fais bien comprendre.

Le feu fait : Brrrou... brrrou...

L'eau qui chauffe : Glou-glou... glou-glou.

Le piston qui glisse : Ksss..., ksss..., ksss..., ksss.

La roue qui tourne : Rrrrrrrr, rrrrrrr, rrrrrr.

C'est très amusant.

Au-dessus de la chaudière, il y a une soupape qui laisse échapper la vapeur. Ça se fait comme ça pour toutes les chaudières, je n'ai rien voulu changer pour ne pas me singulariser. Remarquez que c'est le contraire du feu. Celui-ci est dessous et la soupape dessus. En mécanique c'est une habitude. Maintenant si vous préférez mettre la soupape dessous ou sur le côté, je ne m'y oppose pas. Seulement, ou l'eau fuira, ou ça fera éclater la chaudière. Il y a des gens qui aiment mieux cela, il ne faudrait pas les contrarier.

Grâce à la vapeur, la soupape fait : Pffttt, pffttt, pffttt. Ça intrigue beaucoup ceux qui ne savent pas.

Vous me suivez bien ; je ne sais pas si je me fais bien comprendre ?...

Le feu fait : Brrrou... brrrou.

L'eau qui chauffe : Glou-glou, glou-glou.

Le piston qui glisse : Ksss... ksss... ksss... ksss.

La roue qui tourne : Rrrrrrr... rrrrr... rrrr.

La soupape qui se lève : Pffttt... pffttt... pffttt.

Autour de cela j'ai placé un tas de petites choses

divertissantes, des courroies, des tambours, des roues d'engrenage, des treuils... C'est très compliqué.

C'est très compliqué et c'est très simple comme vous et moi, parce que chaque pièce peut s'enlever sans nuire à la marche de l'appareil. Tout est utile et inutile à la fois. Avant tout, ce que j'ai voulu, c'est la commodité du public. C'est ainsi que j'ai dû refuser le concours d'un individu qui voulait faire marcher ma machine à vapeur à l'aide d'une machine électrique, parce que pour faire marcher sa machine électrique il fallait une autre machine à vapeur.

Vous me suivez bien. Je ne sais pas si je me fais bien comprendre ?...

Le feu fait... ce que je vous ai dit, l'eau aussi, le piston, la roue, la soupape, les courroies, les tambours, les grosses caisses, les cymbales... Mais pardon, je m'égare.

Maintenant, me direz-vous, à quoi peut servir votre invention ?

Ah! ça, je ne sais pas encore. Je l'ai faite pour la faire, pour être utile à l'humanité; il est évident qu'elle doit rendre d'énormes services, et qu'avec un peu de bonne volonté, on en tirera un parti merveilleux.

Tout est dans rien, comme disait... Chose... Machin... enfin le grand inventeur !

Pour ma part, du reste, je ne demande aucune récompense, ni titres, ni distinctions, ni argent. Je ne demande qu'une chose, c'est qu'on m'accorde dans l'histoire, un coin entre... Pépin, l'inventeur du parapluie et Papin, l'inventeur des papes... ou des soupapes, je ne sais plus au juste.

Voilà ce que j'ai fait pour mon pays.

Les gens d'esprit y trouveront peut-être à redire, mais les gens d'esprit, voulez-vous que je vous dise, ce sont des imbéciles, et je m'y connais !...

Je ne sais pas si je me fais bien comprendre ?...

Ou bien alors c'est que je ne suis qu'une bête, une triple bête !...

Je cours prendre un brevet..

ALFRED GUILLON

JE SUIS MINISTRE

JE SUIS MINISTRE!

(Entrant radieux.) Je suis ministre! ministre...! (Au public, souriant.) Ça a l'air de vous étonner que je sois..... (Avec mystère.) Hé bien! entre nous, ça m'étonne encore plus que vous..... Moi, ex-fabricant de boîtes à musique en chambre..... ministre! Et il y a encore des gens qui se plaignent de la situation... mais ma parole d'honneur, je ne sais pas ce qu'il leur faut à ces êtres-là; on leur donnerait la lune..... qu'ils aimeraient mieux autre chose à la place...

Maintenant, vous savez, j'ai un ministère un peu à part; n'ayant pas de connaissances spéciales en dehors des boîtes à musique... je fais un peu de tout... j'ai pris le département des *affaires qui me sont étrangères*... Ça me va très bien ce ministère-là..... Mais l'important est de me maintenir..... pas facile..... Comme je n'ai pas le temps de lire les journaux... c'est ma femme qui me tient au courant de l'opinion... Très important à consulter les journaux !...

Ainsi, ce matin, il paraît que le péril était à gauche... maintenant, ce soir, il paraît que le péril est à droite... Du reste, depuis neuf jours que je suis ministre, c'est toujours comme ça... Alors Ernestine m'a dit :

« Anatole, puisque le péril est à gauche et puis à droite, tiens-toi au centre... ferme. »

(Désespéré, levant les bras au ciel.) Mais il n'y a pas de centre !

Enfin la situation n'étant pas tenable, j'ai fini cependant par découvrir au milieu... un petit noyau... des anciens... qui sont revenus... des ballottés... c'est sur eux que je m'appuie... j'ai un pied sur un petit centre gauche et un pied sur un petit centre droit... Quand le péril est à droite (Levant le pied droit.) je lève le pied droit et m'appuie sur le... Quand le péril est à gauche (Levant le pied gauche.) je lève le pied gauche et..... (Se tenant sur un pied, prêt à tomber. Je ne dis pas que ça soit une position très commode... j'avoue que j'ai toujours peur de me trouver entre deux centres le... enfin par terre... Aussi il y a des moments où j'ai peine à conserver (Riant.) mon centre de gravité.

(Indiquant sa tête.) J'ai là des projets de réformes... en masse... si je parviens seulement comme ministre à faire mes treize jours... j'aurai tout bouleversé... je veux marquer mon passage aux affaires... comme les autres... Ainsi, tenez... je viens d'ordonner dans l'armée la suppression immédiate des trompettes... rien que des tambours ! (Souriant.) Oui, je vous le dis sans *fard*... rien que des tambours... mon successeur les rétablira, les trompettes ; je le sais bien... mais enfin il fallait trouver quelque chose de neuf... — Mais ce n'est rien tout cela... j'ai un projet autrement gigantesque... le jeu est peut-être dangereux... mais si je réussis... je conserve le pouvoir peut-être encore... trois semaines sans exagérer... Le voici mon projet... n'en parlez pas, parce que si les chancelleries étrangères avaient vent de l'affaire on pourrait me la « pstt »...

En parcourant ma mappemonde... Ernestine et moi avons découvert au pôle Nord un groupe de petites îles : « Les Victorines, » qui semblent n'appartenir à personne... j'ai l'intention d'en prendre possession... Si on proteste... eh bien ! tant mieux... j'expédie immédiatement des généraux... et le soir après dîner... je leur dresse un plan de campagne... Avec le télégraphe c'est si commode : « Général, emparez-vous, demain mardi de la petite « Victorine » ; si elle résiste enlevez-la... Je vous indiquerai postérieurement le moyen de prendre la grande. »

Ce n'est pas plus difficile que ça... Il y a un tas

de gens qui se figurent que pour être ministre il faut... non, non, non, vieux jeu... (Changeant de ton, souriant.) Je vous prie de croire que depuis neuf jours que je suis au ministère, je n'ai pas perdu mon temps... j'ai déjà deux neveux sous-préfets... le cousin de ma femme, percepteur, et Boireau... (Souriant.) Ah Boireau ! pas commode à caser celui-là... un étudiant de vingt-deuxième année... un ancien du vieux quartier latin... en avons-nous culotté de ces pipes ensemble ! (Chantant.)

    Non, tu n'es plus, mon vieux quartier latin!

Pour me faire du tort, les réactionnaires ont prétendu que cette chanson-là était de moi... c'était pas vrai... je connais l'auteur; enfin j'avais Boireau à caser... Malheureusement ce garçon-là manque de tenue... débraillé ! Quand je suis entré dans les boîtes à musique... comme dans cette partie-là il fallait un certain décorum... j'ai enrayé, tandis que cet abruti de Boireau n'a pas enrayé lui... toujours le système des bocks à jet continu...

(Riant.) Cet animal-là ne voulait-il pas que je le fasse nommer introducteur des ambassadeurs... J'ai fini cependant par lui faire comprendre que c'était impossible... et puis la place étant prise d'ailleurs je... Non, avec moi, pas de passe-droit... Aussi ne trouvant rien de disponible... je lui ai créé une place pour lui... « Inspecteur général des vélocipèdes aériens »... Il n'y a presque rien à faire... il vient à son bureau le matin à... trois heures... du soir... il demande à son chef de bureau ce qu'il y a de nouveau... car il a un chef de bureau... Oui, il avait quelqu'un à caser lui aussi... son chef de bureau lui répond qu'il n'y a rien et... c'est tout... Il touche dix-huit mille francs pour ça... Maintenant il faut dire, bien entendu, qu'il est logé, chauffé, éclairé... enfin il est très heureux... il ne se plaint pas... Mais comme je l'aurais de nouveau sur les bras s'il perdait sa place... j'ai rendu sa place inamovible... Il y a les inspecteurs généraux assis et les inspecteurs généraux debout... j'ai eu soin de lui dire de s'asseoir en entrant...

Si je reste encore neuf jours au ministère, j'aurai casé toute ma famille...vous comprenez, on est bon parent ou on ne l'est pas... si ma femme était veuve, je lui ferais avoir immédiatement un bureau de tabac... mais ne l'étant pas, je n'ai pas cru que...; du reste, Ernestine m'a soufflé une idée lumineuse!... Comme il nous reste un vieux stock de boîtes à musique à écouler.. elle a trouvé un moyen merveilleux de nous en débarrasser avec bénéfice et en faisant d'une pierre deux coups...

Comme je vous le disais tout à l'heure, il paraît qu'actuellement le péril est à droite... donc dans quelques instants... je monte à la tribune et je propose un décret ainsi conçu : « Article 7... » je supprime les six premiers articles... il n'y a jamais que celui-là d'important :

« Article 7. — Les orgues dans les églises rappelant vaguement la Barbarie... A partir du présent décret... les orgues sont supprimées et remplacées par des boîtes à musique laïques et obligatoires. » (Souriant.) Oui... mais pas gratuites... (D'un air de contentement.) De cette façon mon petit centre gauche est enchanté de mon article 7 et je remonte sur ma bête. (Se reprenant.) Quand je dis ma bête, c'est une façon de parler... je veux dire que... enfin vous comprenez... Le centre gauche n'a jamais pu résister aux articles 7... il le regrette quelquefois après... surtout quand il n'est pas réélu... mais d'abord il est enchanté...

(Au public.) Venez donc me voir à la tribune tout à l'heure... vous verrez ! (Rejetant ses cheveux en arrière.) Superbe... le geste... tout y est... Ernestine sera là... du reste elle n'a pas manqué une séance... seulement elle me fait des peurs... Trop nerveuse... Elle ne permet pas qu'on m'interrompe... hier encore un membre de la droite... ou de la gauche... je ne me souviens plus... me lance de sa place, je ne sais plus trop quoi... Ah ! si je me souviens... « Polichinelle ! va, » enfin quelque chose d'insignifiant...

Ernestine se lève, brandit son ombrelle et allait injurier mon interrupteur si ses deux voisins n'étaient parvenus à la faire se rasseoir... Je lui ai dit du reste : « — Ernestine, vois-tu, toi, tu ne deviendras jamais un homme... politique ! » Elle a fini par en convenir... Mais pardon, il faut que je vous quitte, la tribune me réclame.

(Parlant avec emphase comme s'il était à la tribune.) Mon pays m'a confié ses destinées, mon pays peut compter sur moi... non, Messieurs, je ne faillirai pas à ma tâche, non, jamais ! jamais ! jamais ! (Changeant brusquement de ton et fredonnant d'un ton léger, en s'en allant, l'air des montagnards de la *Dame Blanche :* « Non, jamais, jamais, jamais, non, jamais, jamais, jamais !... »

OCTAVE PRADELS

MADAME BARBASSON

MADAME BARBASSON

Par un jour de printemps, je devins amoureux.
Oui, moi, moi, Barbasson ! Dans ce cœur valeureux,
Qui se croyait de roc, l'amour fit une entaille !
Et ce front, qui jamais ne rêva que bataille
Et lutte gigantesque, eut des pensers plus doux :
Miette, tout un mois, me tint à ses genoux !
Mais aussi quelle femme ! une déesse ! un ange...
Des yeux noirs, long d'un pied... et pleins d'un charme étrange.
Une taille... invisible... un col flexible et rond...
Des cheveux... à couvrir toute la Joliette !
Un torse ! Oh ! mes amis... auprès de ma Miette,
On aurait appelé Vénus un laideron !
Sa jambe... du Paros ! ses lèvres... des grenades...
Un sourire enchanteur ! un pied de Lilliput...
Une voix parcourant, en brillantes cascades,
Trois octaves au moins, du *si* grave au contre-*ut* !
Bref ! un trésor divin. Quand je lui dis : « Je t'aime !
« Je serai ton époux... je serai ton amant ! »

Elle eut, vous le pensez, un éblouissement :
Barbasson pour mari, c'était l'idéal même !
La noce fut superbe... et je le fus aussi !
Pourtant, le lendemain, je lus comme un souci
Sur son front ravissant : « Qu'as-tu donc, ma chère âme
» — Oh ! mon cher Barbasson (dit-elle), votre femme,
» Est heureuse et charmée... Eh bien ! en ce beau jour,
» Elle voudrait encor comme preuve d'amour
» Que vous renouveliez pour elle une prouesse ;
» Que pour votre colombe, ô splendide ramier !
» Vous fassiez (en cela vous êtes coutumier
» Etant maître en courage, en force, en hardiesse)
» Quelque chose de grand et d'impossible ! » — « Eh !
» Si ce n'est que cela, Miette, en vérité,
» Je ne peux refuser ta première requête ! »
Alors, plongeant mon front dans mes mains, je pensai
Une minute ou deux... puis relevant la tête :
» C'est fait ; de cet exploit le plan est tout tracé ! »
Et savez-vous, Messieurs, ce que je fis pour elle ?
Ecoutez !

    Avec mon audace habituelle,
Certes ! j'aurais bien pu, nageant comme un requin,
Fouiller toutes les mers de l'Espagne au Tonkin
Et jeter à ses pieds des perles sans pareilles !
Bagasse ! j'aurai pu, tranquille et souriant,
Traversant en vainqueur le profond Orient,
Mettre les diamants de l'Inde à ses oreilles !
Gravir l'Hymalaya ! combler quelque volcan !

etourner en Afrique, y massacrer le fauve,
t de peaux de lions tapisser son alcôve !
ui conquérir un trône au pays Araucan,
u bien lui rapporter quelques ours blancs des pôles
our réchauffer ses pieds quand viendraient les hivers...
e pouvais lui montrer mes robustes épaules,
upportant sans effort le poids de l'Univers,
omme le fit jadis, non sans quelque énergie,
las, ce Marseillais de la Mythologie !
u me faire corsaire et mettre l'embargo
Comme les flibustiers autrefois aux Antilles)
ur tous les galions ! Aller dans le Congo
 faire prisonniers vingt ou trente gorilles,
ue j'aurais mis en cage, afin de l'amuser
ur son gentil balcon, en pleine Cannebière !
ais ceci, je le crois, aurait trop fait jaser :
n aurait vu, pour sûr, Marseille tout entière,
enir stationner devant chaque animal,
 dire : « Té ! c'est le Conseil municipal. »
 pouvais imiter l'ancien lutteur Hercule,
ais j'ai toujours trouvé cet homme ridicule
'avoir passé sa vie et par monts et par vaux,
 de n'avoir, en tout, fait que douze travaux !
 pouvais tout cela, parbleu ! la belle gloire !
es exploits valent-ils seulement la façon ?
 fis plus !... je fis mieux !... et vous allez m'en croire
ar je fis à ma femme... un petit Barbasson !

ALFRED GUILLON

LE MARIAGE D'AGLAÉ

LE MARIAGE D'AGLAÉ

Vous vous demandez pourquoi je suis en habit noir et cravate blanche ?... Mon Dieu, je peux bien vous le dire ; je n'en fais pas de mystère... Ce soir je donne un Bal... C'est une idée à ma femme. Il y a huit jours, je dormais du plus profond sommeil, quand j'entends au milieu de la nuit, une voix à mon oreille appelant : ERNEST ! ERNEST !

... J'ouvre les yeux, je reprends mes esprits et je reconnais la voix de Virginie, ma femme, qui, je ne crains pas de le dire, repose toujours à mes côtés... et cela depuis vingt-huit ans. Virginie venait d'avoir une idée... une idée qui, si elle réussit, sera excellente et qui, si au contraire, n'amène pas de résultat me coutera cinq cents francs... Il s'agit d'Aglaé notre fille... fille majeure, majeure depuis six ans et trois mois ! Vous deviez vous en douter puisqu'il y a vingt-huit ans que Virginie m'a accordé sa main... pour la première fois...; enfin, cela ne fait rien, vous n'aviez peut-être pas fait le rapprochement... donc nous avons une fille... très majeure... pas mariée; et ce qui est le plus malheureux, c'est que cet état de Vestale n'est pas dans ses goûts... Vous comprenez, si c'était dans ses goûts on pourrait s'arranger, mais je vous le dis à vous, ce n'est pas dans ses goûts;... le célibat aigrit son caractère... c'est étonnant comme le célibat aigrit son caractère ! Enfin la maison avec elle est insupportable... des récriminations à tout propos... une crise de nerfs, au moins une fois par semaine, et la vaisselle cassée presque tous les jours... Je dois dire que pour les objets brisés je les porte à son compte... c'est pris sur sa dot... J'ai un petit livre exprès... A la fin de chaque mois, je lui remets son compte... j'ai de l'ordre, moi, voyez-vous, même dans les petites choses... Tenez, c'est grâce à mon petit livre que Virginie a eu l'idée de son bal... le total du mois dernier l'avait tellement effrayée, Aglaé avait tant cassé, qu'il a fallu à tout prix prendre un parti.

... Mais pardon, j'ai oublié de vous expliquer quel rapport il peut exister entre les nerfs d'Aglaé et l'idée de ce Bal... C'est un coup que nous tentons : personne ne se présentant pour demander la

main d'Aglaé, Virginie a eu la pensée de réunir dans son salon, le plus grand nombre possible de gens à marier; pour cela elle a eu l'idée de donner un Bal... Vous comprenez, nous ne pouvons pas mettre sur la carte d'invitation : « M. et Mᵐᵉ Beau-
« nichon prient M*** de leur faire le plaisir de
« venir passer la soirée chez eux pour voir si leur
« fille Aglaé lui convient comme femme et légi-
« time épouse. »... Non, cela ne se pouvait pas; dans le monde ça ne se passe pas comme cela... On a une fille qu'on ne peut pas marier; eh bien, on fait un sacrifice... On se dit, donnons un Bal... les gens disponibles comprennent tout de suite que la jeune personne de la maison serait très désireuse de prendre un époux; c'est réglé, entendu, tout le monde comprend... Quelquefois ça réussit... Quelquefois aussi ça rate complètement, alors on en est pour ses frais.

(Tirant un carnet de sa poche.) Du reste, voici la liste de mes invités :

(Lisant.) « Première série : Dix-huit célibataires de vingt-cinq à trente ans. » (Parlant.) Moi, j'aurais voulu commencer seulement à vingt-huit ans, l'âge d'Aglaé, mais ma fille a menacé de casser quelque chose, si on ne mettait pas un lot de jeunes.

(Lisant.) « Deuxième série : Vingt-trois hommes à marier de trente à cinquante. Troisième série :

Vingt-un célibataires de cinquante à soixante-dix. »

... (Parlant.) Moi, je voulais m'arrêter à soixante-cinq, mais c'est encore Virginie qui a prétendu qu'il ne fallait rien négliger et qui a étendu la limite d'âge jusqu'à soixante-dix; donc le lot des hors d'âge a été maintenu; nous ne voulons rien épargner pour faire le bonheur de notre enfant! Virginie fonde les plus grandes espérances sur ce lot de la troisième catégorie. (Indiquant son carnet.) Tout cela, voyez-vous, est tenu avec méthode... je vous l'ai dit, j'ai de l'ordre même dans les petites choses... j'ai arrangé cela par tableau... C'est très clair; je vous recommande cette méthode là... Si j'avais plus de temps à moi, je vous expliquerais tout le mécanisme en détail... mais vous savez, le soir où on donne un Bal, on est un peu bousculé; la maison est tout en l'air, les invités ne devant pas tarder à arriver, je n'aurais certainement pas le temps de vous expliquer, d'autant plus que j'ai à allumer les bougies, nous avons bien deux garçons que nous avons loués, mais ils sont à faire les sirops, le punch... enfin ils sont très occupés; et il a été convenu avec Virginie, que je me chargerais d'allumer les bougies.

Aglaé est à sa toilette... c'est très important... On a hésité longtemps pour choisir une toilette seyante... ça a été très difficile, parce qu'il faut

LE MARIAGE D'AGLAÉ

une couleur qui amincit... Car Aglaé est remarquablement forte, elle est même sur ce point beaucoup trop remarquable, et la chère enfant augmente sensiblement chaque trimestre... Je dis chaque trimestre, parce que, voyez-vous, tous les trois mois je la mesure et je constate, hélas! à chaque fois, une augmentation notable... Je ne le lui dis pas à elle, vous comprenez, à cause de son caractère et puis de la casse, mais malheureusement c'est certain.

Aglaé est donc une personne forte... ah mais, là! vous savez, très forte (Souriant.) Il semblerait qu'elle aurait pris un bain prolongé de lait Mamilla... Oui, elle a l'air d'être tombée dans une préparation en gros de ce produit... j'en ris, mais ça me désole dans le fond, parce que certainement cette... opulence est une des raisons pour laquelle Aglaé nous reste sur les bras... Je sais bien que Virginie prétend au contraire qu'une forte femme plaît souvent plus qu'un manche à balai... C'est possible, mais entre nous, je me défie un peu de l'opinion de Virginie sur ce point là; (Indiquant une forte poitrine) comme elle-même est très... il est naturel que... car enfin comme dit le proverbe : chacun prêche pour son SEIN !

(Regardant la pendule.) Neuf heures! Ah! sapristi! et les bougies qui ne sont pas allumées; je vais être surpris par mes invités dans cette tenue de subalterne... Eh bien, on a vu des mariages ratés pour moins que cela ! On arrive tout feu tout flamme, bien décidé à épouser ; on trouve son futur beau-père monté sur une chaise, allumant un lustre... patatras, on ne veut plus de la fille... C'est idiot, j'en conviens, mais c'est comme ça; non, cependant, il y a un cas où on épouse tout de même la fille; c'est le cas où le père de la jeune personne est lampiste... Alors, il n'y a rien à dire, cet homme n'est plus ridicule; il est dans l'exercice de ses fonctions... C'est idiot, je le répète, et cependant c'est comme cela; mais je bavarde, je bavarde, et mes invités qui peuvent venir d'un moment à l'autre !.. (Au public.) Enfin, Messieurs, si après vous être recueillis, vous vous sentez des idées matrimoniales sérieuses, si vous vous trouvez disposés en un mot à faire un essai loyal du mariage, eh bien ! venez sans crainte à mon bal ce soir, vous serez bien reçus, vous verrez Aglaé...

... Voilà la femme qui vous convient... croyez-moi, épousez Aglaé... !

(On entend sonner.) Sapristi ! on sonne... Serait-ce un invité ? et mes bougies qui ne sont pas allumées... (On entend sonner de nouveau.) Personne pour aller ouvrir? Ah mais ! c'est juste, Victorine est à lacer Aglaé, et mes deux garçons de louage sont plongés dans leurs sirops qu'ils ne peuvent quitter... Est-ce que je vais être obligé d'aller ouvrir moi-même...? ma foi tant pis, j'y vais... Si c'est un invité, je lui expliquerai la situation... il m'aidera à allumer les candélabres, voilà tout. (On entend sonner une troisième fois très fort; sortant en criant.) **Voilà! Voilà! Voilà!**

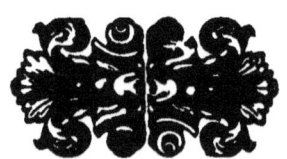

PAUL CLOQUEMIN

LE MONSIEUR QUI A FAIT UN MONOLOGUE

LE MONSIEUR QUI A FAIT UN MONOLOGUE

A vingt ans, on n'est pas parfait.
J'avais commis un monologue.
Si vous saviez c'que ça m'valait
D'avoir écrit un monologue !
Dans les salons on m'invitait
Pour réciter mon monologue.
Lorsque l'domestique m'annonçait,
F'sant lui aussi un monologue,
De tous côtés on chuchotait :
« L'auteur de c'fameux monologue ! »
Les jeun' filles près d'moi s'empressaient :
« Oh ! m'sieu, dit'-nous un monologue ! »
Je toussais, (Il tousse.) puis d'un' voix d'fausset
Je commencais mon monologue,

En imitant Coqu'lin Cadet
Quand il récite un monologue,
Et tout le monde applaudissait :
« Quel délicieux p'tit monologue ! »
Or, un jour, alors que je v'nais
De terminer mon monologue,
Un auteur qui me jalousait
Cria : « Un autre monologue ! »
Je l'avoue, j'restai stupéfait.
Réciter un autr' monologue !
Mais de ma vie j'n'avais jamais
Fait en tout qu'un seul monologue.
Feignant alors d'être distrait,
Je r'commençai mon monologue.
Au bout d'un an, on connaissait
Dans tout Paris mon monologue.
Bien des gens en riant m'appelaient :
L'mossieur qu'a fait un monologue !
Et même un'fois, comm' j'finissais
De débiter mon monologue,
J'entendis un' dam' qui disait :
« Il est rasant, son monologue !... »
Je compris alors qu'il fallait
A tout prix r'faire un monologue.
Et la cervelle je m'creusais
Pour trouver un autr' monologue ;
Mais plus j'cherchais et moins j'trouvais
Un nouveau sujet d'monologue.

Tout à coup, je m'dis : Si j'faisais
L'mossieur qu'a fait un monologue !
Deux heur' après, je composais
Le second de mes monologues.
Et maint'nant j'suis très satisfait :
J'peux dir' de suit' deux monologues.

CHARLES LEROY

OUNE EXCEPCHEUNE

OUNE EXCEPCHEUNE

Aoh! tout le monde il est une bête, yès!
Dans l'rues, les family-house, cafés, omnibus, jerdins pioublics, j'entends cette chaose:
Les Anglais ils voyègent taousses.
Cette une errer très considéréble: pas taousses: beaucoupe, ce était paossible, mais taousses... nao!
Le preuve, ceit moa, je voyège jémais; mais jé lé dise pas, pour pas on me trouve soa ridikioule.
Jè prends train dans le ménifique ville de London; je viens dans oune petit campègne et là... jé reste. Jè reste là longtemps, beaucoupe longtemps, pouis jè soa retourne dans le remerquéble ville de London. Porquoa cette chose?
Parcèquè jè avais per d'aller sur le mer, et dans les railways... très dangereux. Court, court comme

des bêtes, pouis... demoliche une touriste. Stioupide !

Toute cela porquoa ? Pour voar des gentlemen et des ladys et miladys qui avaient le nez pareil toute le monde : des robes anglais, des pereplouies anglais, des chepeaux et des pantèlonnes anglais ; porquoa alors cette voyège ?

On perd son canne, son malle, sec de nouitte ou lorgnette ; il caoute oune somme énorme et se fètigue.

Je voyège jamais, prudent, économe.

Seulement, por pas avoar l'air, quand je me soa retourne dans le merveilleux ville de London, je dis comme tous les genses :

Aoh ! je viens d'Itèlie. Aoh ! très jaoli ! dans le ville de Raome il y a des... qui ne se trouvent pas partoute, évidently, ceit très... et pouis faut voar les églises ; il y a saint... saint... Chaose, saint... Machin, qu'il est bien pour oune église d'Itèlie ; le... du fond, vous savez qui... sur le côté, aoh ! ceit très... et pouis le... le... en haut alors, tout en haut, c'eit le... mais le plousse curieuse, c'est cette grande rue qui va de... vous sèvez, à... à... à chaose quoi !

Aoh ! je souis très satisfaite de cette voyège, j'y retournerai probèblement.

Les gens aussi ils sont très draôles ; ils ont des chaoses, costumes, yès, ceit dans le genre des

OUNE EXCEPCHEUNE 135

imèges, vous avez bien vu imèges, hein ! seulement ceit pas du pèpier, non ; ils vont, viennent, font aller les jambes, et les caostumes ils sont... ils sont... en étoffe.

Voilà pour le ville et les hèbitants.

Pour le couisine, je dirai pas beaucoupe, parcè què le monsieur petron de l'haôtel ayant remarqué — jè nè sais comment — que j'étais un sujet de notre émèble Queen, il m'a toute le temps donné rosbif, plum-pudding, apple-tarte, etc.

J'étais très confortèble dans ce haôtel, allez-y donc de mon part quand vous irez à Raome, ceit le haôtel du... le meilleur, quoi ! vous verrez bien tout de souite.

J'ai visité aussi Nèples, Venise, Tourin, Milan, Gênes ; mais quoi, je ne pouve pas vous ennouyer toute le nouitte à vous rèconter, cela serait inconvenante.

Mais non, qu'ils disent les gens ; mais jè dis : Si ! et j'errète ce nerrècheune qui souffit pour donner oune idée de la chaose.

Jè dise aussi ; Comment ! vous avez jamais vu Nièguèra ! Aoh ! cétre pas paossible !

Aoh ! faut voar Nièguèra ! Il y a là de l'eau, de l'eau, qu'on croirait jèmais ! cèté merveilleuse, mais... je veux pas gâter le plaisir, vous trouverez en voyant soa-même.

Mais dites toujours, on me dit. Nao ! jè reponds,

les chaoses aussi grandioses, ils se voient plouse par le kieur, se comprennent mieux aussi par cette même chaose, que de dire par le baouche ; allez, vous verrez si vous voulez pas être inférieur, direz non plus rien.

Jè dis aussi le voyège que jè lis, mais je les errange pour pas on me rie devant le nez.

Jè compte à Jack les voyèges de John et à John lès voyèges de Jack qu'ils m'ont soa raconté ; je prends des airs émus, je confonds aussi temps en temps esprès, comme traoublé dans souvenirs trop nombreux ; alors on croit mieuse.

Quand souis serré de près, indique tout ce qu'on veut, haôtel, voitures, etc., et quand les gens ont pas traouvé, ce qui m'étonne jèmais, — et qu'on me dit, alors je m'écrie ;

Hein ! pas trouvé ! Aoh ! on ceit moqué de vous ! Alors mes auditeurs insistent pas, et j'ai l'air très fort. Aoh ! encore oune chaose. Jè dis toujours j'ai perdu à Monèco ; toujours bèn avoir l'air riche en riant de son perte, inspire confiance à son entourège, et trouve à emprunter plus fècilement.

Seulement oune jour jè avais été trop loin : jè avais dit que jè m'étais amiousé à *l'Odéon* ! J'ai su depouis qu'on m'avait pris pour oune bête, alors j'ai jèmais recommencé.

CHARLES LEROY

OUNE HISTOARE JAOLIE

OUNE HISTOARE JAOLIE

On causait littérature dans le salon des Bécaluire; on discutait Hugo, Dumas, Sardou, Daudet, etc.

En résumé, on prétendait que la France tenait la corde au point de vue des lettres, lorsque sir Sgontbohn, qui avait gardé le silence jusque-là, prit la parole :

— Vo messé, vo croayez toujours qué vo été merveilleuses pour toutes les chaoses, mais vo avé pas la mémoare des grands hommes de tous les pays qu'ils sont aussi de très grandes génies.

C'est porquoa vo figiourez soa-même vo été considérèbles. Vo avez pas devenu vérítéble : aussi, no, messé, por parlé qué littératioure, no avons de grandes auteurs, de même que le France.

No avons Shakespeare, lord Byron, Walter Scott, heu... heu... et pouis encore oune autre.

Cet autre, il avait écrit oune histoare ménifique, qué je vais vous soa-même raconter :

Cette roman, il est oune grande parc dans le Japon, avec toute plein de verdioure, des jardins très siouperbes.

Dans cette grande jardin, il prend promenade oune djoune damasselle très jaolie..., il avait oune robe blanche.

La djoune fille qu'il a oune robe blanche, il courré graciousement après oune... oune... comment vo appelé cette bête ?

— ....?

— Oune bête qu'il met le museau dessus les fleurs et pouis après qu'il va autre part ?

— ....?

— Qu'il a des ailes ?

— Un papillon... ?

— Pépillonne, yès, il courré après une pépillonne.

La djoune fille il courré par devant, et pouis per derrière ; oune djentleman il regarde avec oune sétisfecheune amoureuse ; cété le fiancé du damasselle.

Ce damasselle, il est aussi le fiancé de cette messié, mais voilà la damasselle qu'il couré, qu'il devient tomber dans oune machine avec de l'eau...

de... de l'eau, yès, comment vo appelez cette chaose ?

— ...?

Oune machine rond avec de l'eau qu'on met dans les grandes jardins avec de petites poassons ?

— Ah ! un bassin ?

— Yès, oune bassin ; en courant après le... vo avez dit ?

— Papillon.

— Yès, après le papillonne, il tombé dans le bassin.

Mais cette jène homme qui voit cette malher, il se prend dépêcher pour ôter la djoune fille d'infuser. Et pouis !.. et pouis il tombe dedans, et qu'ils sont devenus morts, que c'est très malhéreux.

Comment vo trouvez cette jaolie histoare ?

— Mais... très jolie, en vérité, c'est... c'est très joli.

— Eh bien ! il est de moa.

GEORGES FEYDEAU

PATTE-EN-L'AIR

PATTE-EN-L'AIR

Non, ce que c'est que la déveine !
J'avais mis mon beau pantalon ;
— Un pantalon de la semaine —
Et m'en allais voir Madelon.

Madelon, c'est un nom de femme·
Vous avez aisément compris
Que Madelon, c'était la dame
De qui mon cœur était épris.

Faisant cent projets de ménage
J'allais devant moi, tout songeur,
Rêvant un prochain mariage
D'où dépendait tout mon bonheur.

Bref, j'en avais tant dans la tête
Que là, sur le bord du trottoir,
Pour mieux réfléchir je m'arrête
Sans même m'en apercevoir...

Soudain, à la jambe j'éprouve
Une étrange sensation !
Je tâte !... Et qu'est-ce que je trouve ?
Horreur ! une inondation.

Un affreux chien, un chien vulgaire,
Ignorant les lois du bon ton,
Pour quelque simple réverbère
Avait pris mon beau pantalon.

C'était comme une cataracte
Qui ruisselait abondamment,
Et ce n'était qu'un premier acte !
Cela commençait seulement.

En voyant cette immense tache
Je pousse un cri ! Puis furieux,
Dans le... dos du chien, je détache
Un coup de botte généreux.

Après quoi, dans une boutique
J'entre afin de faire laver
L'humiliation publique
Dont on venait de m'abreuver.

La chose faite, et tout humide,
Tout mouillé dans mon pantalon
Je dirige mon pas rapide
Vers la maison de Madelon.

PATTE-EN-L'AIR

Je n'avais pas tourné la rue
Que tout-à-coup, là, je perçoi
Comme une chose qui remue
Et qui renifle près de moi...

Je regarde : Oh! ciel! quelle audace!
Non, vous ne devinerez pas!
Des chiens, dix, quinze, vingt, en masse,
Sont là, me suivant pas à pas.

Exaspéré, je les repousse,
A coups de pieds, comme je peux ;
Ils reviennent à la rescousse,
Et me suivent à qui mieux, mieux !

En voyant cette immense troupe
Dont je suis tout environné,
Bientôt une foule se groupe ;
Chacun me regarde étonné.

L'on s'interroge, on se demande
Si je montre des chiens savants?
Un monsieur même me marchande
Un chien ! Oui ! combien je le vends ?

« Ah monsieur, qu'on m'en débarrasse !
« Prenez les tous ! Ils sont à vous !
« Qu'on en extermine la race !
« Au nom du ciel, prenez-les tous ! »

Et là-dessus, d'un bond je quitte
Tous ces gens décontenancés :
Je me sauve !... mais à ma suite
Tous les chiens se sont élancés.

Chacun me voyant de la sorte
Me croit sorti de Charenton !
Enfin, bref, j'arrive à la porte
Du logis de ma Madelon.

Ouf ! mon supplice a donc un terme :
Je sonne, j'entre, et promptement
Au nez de tous les chiens je ferme
La lourde porte poliment.

Mais voilà bien une autre affaire !
A peine ai-je vu Madelon,
Qu'elle me montre, toute fière,
Un tout petit chien de salon.

« Je viens de l'acheter, dit-elle,
« Hein ! n'est-ce pas qu'il est charmant !
— Oui certes, la bête est très belle ! »
Murmurai-je piteusement.

C'était un animal horrible !
Mais il plaisait à Madelon...
Soudain, j'eus une peur terrible
Le chien flairait mon pantalon.

« Eh ! voyez donc comme il vous aime ! »
Me dit ma future en riant.
« En effet, oui ! » — J'étais tout blême !
Madelon trouvait ça charmant.

Hélas ! ma crainte était fondée !
Là, tout à coup, en plein salon,
Je sentis ma jambe inondée !
Encore, oui, sur mon pantalon !...

C'en est trop ! j'éclate en furie,
Et, comme un fou, subitement,
Aux yeux de la belle ahurie,
Je me lève et sors brusquement.

J'étouffe, j'en ai la berlue,
Je n'en puis plus ; mais, patatras !
Qu'est-ce que je vois dans la rue ?
Tous mes chiens m'attendaient en bas.

C'est un crampon, c'est une colle ;
Je ne sais comment les chasser,
Et je pique une course folle
Pour pouvoir m'en débarrasser.

Hélas ! ils courent aussi vite ;
Et, qui pis est, plus nous allons,
Plus cette meute à ma poursuite
S'accroît derrière mes talons !

Déjà, ce n'est plus une troupe,
C'est une révolution
Qui va, court, crie, aboie et coupe
Partout la circulation.

Pas une voiture n'avance !
Les tramways doivent s'arrêter !
Cela fait un désordre immense !
Chacun commence à s'ameuter.

Plus d'un chien que l'on tient en laisse,
Par tous les autres attiré,
Traîne son maître ou sa maîtresse,
Son conducteur tout atterré.

J'ai des enfants, des vieilles femmes,
Des aveugles, des éclopés,
Des bigotes, des jeunes dames,
Tous après moi précipités.

C'est en vain que chacun résiste ;
Il faut bien suivre le courant,
Ils sont tous là, suivant ma piste :
Roulant, tombant, vociférant !

Plus d'un, même — elle est mauvaise !
Crie : « Aux armes ! à l'assassin ! »
Des gens chantent la *Marseillaise !*
L'épouvante est sur mon chemin !

On parle de guerre civile...
Paris entier est en émoi,...
Et moi, je traverse la ville
Avec cette escorte après moi !

Enfin, tout mouillé, tout en nage,
J'arrive chez moi tout perclus,
Jurant bien, le cœur plein de rage,
Que l'on ne m'y reprendrait plus.

Et depuis, d'une odeur immonde,
Je m'infecte du haut en bas.
C'est un peu gênant dans le monde,
Mais les chiens ne m'approchent pas.

E. BANEUX

LE PETITE CHAPERON ROUGE

LE PETITE CHAPERON ROUGE

Il était une foâ... autrefoâ..., dans un village bâti dans la campagne... je savais pas où..., une petite baby, qu'on appelait le petite Chaperon rouge..., je savais pas pourquoi... Elle avait deux mamans, une petite maman et une grande maman.

Un jour, je savais pas lequel, son petite maman disait à elle :

— « Tu vas porter du beurre à ton grande maman qui est malade, dans un petit pot, avec une galette.

Yès, répondit le petite miss. »

Et ils sont partis toutes les quatre, le galette, la beurre, le pot et le petite Chaperon rouge. En traversant le forêt, elle rencontre gros père le Loup, qui était très fort enrhumé, car il parcourait le forêt en *tous sens*. Il demande au baby :

— « Où allez-vô ?

— Je allé voir le grand'mère à moâ, qui a mal au ventre, avec du beurre et du galette.

— Où votre grand'mère il demeure?

— Là-bas, près le moulin qui fait tic, tac, tic, tac.

— Aôh! very well, moâ aussi je allais voir grand'mère à vô... »

Et le Loup, il partit ventre par terre, comme une cheval de course, pendant que sur le route le petit miss il cueillait les noisettes dans le bois, car les petites misses françaises ils aimaient beaucoup à cueillir les noisettes dans les bois.

Le Loup il arrive la première à le porte du maison de grand'maman :

— Toc! toc!

— Qui frappait?

— Ce être moâ, le file à vô, le petite Chaperon rouge. »

Le grand'maman était dans son dodo, avec une cataplasme sur le ventre; elle cria fort :

— Tirez le bobinette!

Le Loup entre, saute sur la dortoir et mange le vieille dame avec le cataplasme!... Ce était horrible!!

Après, le Loup, qui avait encore faim, se couche avec le bonnet blanche du vieille milady, ce qui faisait rire loui comme une petite baleine qui fait le noce. Le petite Chaperon rouge il arrive à la porte et fait :

— Toc ! toc !

Le Loup crie en prenant une petite voix douce (Grosse voix.)

— Qui frappait ?

— Aôh ! se dit le petite miss, grand'mère il s'est beaucoup enrhumée. Et elle disait :

— Ce est moâ, le file à vô, le petite Chaperon rouge.

— Tire le bobinette, disait le Loup.

Le petite Chaperon rouge elle entre.

Voyant elle, le Loup faisait claquer les dents comme ça, (Jeu de mâchoires,) et cachant son tête de loup sous le couverture, il disait :

— Mettez le galette et la pot de beurre sur le table et venez coucher vô près de moâ.

Le petite Chaperon rouge, innocente comme une petite pigeonne qui tète encore, il se couche avec son petit chemise et une étonnement très grand en voyant son grand'maman dans une déshabillement extraordinairement, inconstitutionnellement !

Et elle disait :

— Aôh ! mon mère-grand, que vô avez de le barbe !

— Parce que je souis vieille, mon enfant.

— Mon mère-grand, que le nez à vô il était long !

— C'était pour mieux renifler, mon enfant.

— Mon mère-grand, que les dents à vô ils sont blanches !

— C'était un ratelier toute neuve, mon enfant.

— Mon mère-grand, que l'œil gauche à vô elle est brillant !

— C'était un œil de verre, mon enfant.

— Mon mère-grand, quelle gueule vô avez !

— C'était pour manger vô, mon enfant.

Et le vilain gourmand il mangea le pauvre baby, avec son petit chemise ! (Pleurant) Aôh ! aôh ! aôh !.. Ce était horrible ! abominable... de manger tant que ça !!

MORALITÉ

Croyez-moâ, tendres poulettes,
Au bois vous devez pas aller du tout :
Car si on trouvait toujours les noisettes,
Souvent on y voyait le loup.

GEORGES FEYDEAU

LE POTACHE

LE POTACHE

A COQUELIN Cadet.

Hein? Vous croyez que je ris? Je suis furieux! Ces professeurs, quels crétins! Si jamais, je suis ministre, je les supprime! Vous ne savez pas ce qui m'arrive ? Mon professeur me demande ma leçon ; je n'en savais pas un mot ; il me flanque un zéro. Quelle injustice! Est-ce que je pouvais la savoir... je ne l'avais pas apprise. J'ai réclamé..., il m'a mis à la porte. Alors je lui ai dit un mot, mais un mot! Eh bien! il n'a pas bronché, le lâche!
— Il est vrai qu'il n'a pas pu l'entendre, je l'ai dit tout bas.

Ah! c'est que ce matin, j'avais bien autre chose à faire que d'apprendre des leçons. J'ai dormi, moi!... parce que, avant hier, j'ai été en soirée... Oh! une soirée étonnante! Il y avait des hommes, des femmes et deux députés... dont un Auvergnat. L'Auvergnat a voulu prendre la parole, mais on s'y est opposé... à cause de l'autre. Ils n'étaient pas du même avis; cela aurait pu faire du grabuge.

Quand je suis arrivé, il y avait peu de monde ; dans le vestibule, j'ai trouvé un monsieur très aimable... avec des favoris : on m'a dit que c'était le maître d'hôtel. Ah ! il a un bien bel hôtel ! — Je lui ai serré la main ; il a eu l'air très flatté... et il m'a demandé mon paletot. Vrai, pour un propriétaire aussi riche, il n'est pas fier. Moi, vous comprenez, j'ai refusé et j'ai donné mon caban à un monsieur qui avait l'air beaucoup moins bien, mais qui devait être quelque chose dans la maison, car tous les invités lui serraient la main en l'appelant « mon cher ».

Je suis entré dans le salon ; la maîtresse de la maison est venue à moi et m'a serré la main... *(Avec fatuité.)* Et je crois même..., à la façon dont elle m'a regardé, que... Enfin passons, pauvre enfant ! — Elle a voulu me présenter à son mari, mais je lui ai dit que j'avais eu l'honneur de lui serrer la main dans le vestibule. — Je me suis assis. A côté de moi, il y avait une jeune fille... qui me regardait... *(Avec fatuité.)* Et je crois même..., à la façon dont elle me regardait, que... Enfin passons, pauvre enfant ! — Voyant qu'elle n'osait me parler la première, j'ai pris la parole et je lui ai dit : « Mademoiselle, il ne fait pas encore très chaud ! Mais, tout à l'heure, il fera beaucoup plus chaud. » Elle a commencé à rougir... pauvre enfant ! Alors j'ai ajouté : « Mademoiselle, on dansera tout à l'heure, si vous voulez bien, nous danserons la première polka? » Elle me repond : « Je suis invitée. — Oh ! pour ça, faut pas me la faire, ai-je repris, il n'y a encore personne, on n'a pas pu vous inviter. » Alors elle m'a accordé la première valse. J'aurais mieux aimé la polka... parce que moi, la valse, je la danse à quatre temps, et je n'ai encore trouvé aucune danseuse qui pût aller en mesure.

Quand il y a eu beaucoup de monde, on a donné une petite pièce. C'était joué par deux artistes, deux frères de beaucoup de talent... dont l'un — c'est très curieux ! — était plus vieux que l'autre. Seulement, je ne pourrais pas vous dire quel était l'aîné ! J'ai demandé à mon voisin, il m'a répondu : « Vous voyez ! c'est celui qui ressemble le plus à l'autre ! » J'ai cherché longtemps ! J'hésite encore, pourtant je crois que ce doit être le plus vieux.

Après la petite pièce nous avons entendu une joueuse de flûte... très forte,.. qui nous a joué de la clarinette. Pendant tout son morceau, elle ne m'a pas quitté des yeux ! *(Avec fatuité.)* Et je crois même, à la façon dont elle me regardait que... Enfin passons ! Pauvre enfant !

Par exemple, je me suis fait un ami ! Oh ! un homme charmant ! Un vaudevilliste qui a fait fortune... en vendant du savon ! Tenez, pour vous donner une idée de son esprit ! nous parlions de la sottise des gens! Tout à coup, il se tourne vers moi et me dit : « Voulez-vous que je vous donne un exemple de la bêtise humaine? J'ai devant moi un imbécile, n'est-ce pas? Je le lui dis en face! Eh bien! il ne comprend pas et il éclate de rire! » Je me suis tordu... et tout le monde aussi. Ah! je suis bien heureux d'avoir fait sa connaissance.

Après le concert, on s'est mis à danser. J'ai été chercher ma valseuse... Il n'y a pas eu moyen. Elle dansait à trois temps et moi à quatre. Au bout d'un tour, elle m'a priée de la conduire au buffet. Là, j'ai cru le moment venu de lui faire un compliment : je lui ai dit : « Mademoiselle, nous avons au collège une concierge qui est bien jolie, mais vous êtes encore plus jolie qu'elle! » C'était très délicat... Elle est devenue toute rouge et m'a demandé de la reconduire à sa place. Elle était émue! Pauvre enfant!

Pendant le lancier, je suis resté assis... J'étais à côté d'une dame... assez âgée!... Nous avons causé. Tout à coup, elle m'a montré une jeune fille qui dansait : « Voyons, jeune homme, comment trou-
« vez-vous cette grande demoiselle, là-bas? » Moi,
« je réponds : « Peuh! elle a l'air d'une asperge! » C'était sa fille! Elle a fait une tête! je n'y suis plus revenu.

Enfin, vers cinq heures du matin, j'ai pris congé de la maîtresse de maison. Dans le vestibule, j'ai retrouvé le riche propriétaire si aimable ; il ne l'avait pas quitté de la soirée.

En échange d'un petit numéro, il m'a rendu mon caban, et nous avons fait un brin la causette. Je lui ai dit : « Monsieur, cette soirée a été charmante! « et je suis heureux d'avoir fait votre connaissance! » Alors, il m'a emmené à la cuisine — je ne sais trop pourquoi — et il m'a présenté à la cuisinière. Entre nous, — il ne faudrait pas le dire à sa femme — mais il a l'air d'être très bien avec la cuisinière. Il lui a dit : « Justine, je te présente Monsieur! » et nous avons bu un litre. Pendant ce temps, la cuisinière me regardait, *(Avec fatuité.)* et je crois même... à la façon dont elle me regardait que... Enfin, passons! pauvre enfant!... Toujours est-il qu'elle a dit tout bas au propriétaire : « C'est égal, c'est malheureux qu'il ait une si vilaine « livrée. Il est gentil, ce petit groom! » Eh bien! vrai, je ne suis pas fat... Mais ça me fait plaisir. Une bien charmante personne que cette cuisinière!

Quant au propriétaire si aimable, nous sommes intimes. Ainsi, maman donne une soirée dimanche : Eh bien! je l'ai invité. Il a accepté tout de suite; il m'a même offert de passer les rafraîchissements. Quel excellent homme! Ah! voilà une connaissance qui fera plaisir à maman!

GEORGES FEYDEAU

LES RÉFORMES

LES RÉFORMES

A M. Philippe Gille.

Voulez-vous voir un député? regardez-moi! C'est demain que je suis élu... ou blacboulé... Mais ça, c'est la seule chose que j'aie à craindre; vous voyez que j'ai des chances.

D'ailleurs j'ai des affiches... tout dépend des affiches, dans les élections. Il y a mon nom... en grosses lettres... avec mon portrait... pour ceux qui ne savent pas lire; et en dessous : « *Candidat du parti de ses électeurs!* » Comme cela il n'y aura pas de mécontents. Puis, partout, des calembours... pour faire rire les électeurs! Parce que, quand on a les rieurs de son côté, vous savez...! Enfin, en bas, j'ai lancé cette phrase qui n'a l'air de rien : « *Votez pour moi, c'est votre intérêt à tous !...* » Et vous comprenez bien qu'on n'est pas assez bête pour voter contre son intérêt! Par conséquent, vlan! ça y est : je suis élu!

Et d'abord, je réforme tout! Je suis pour la réforme, moi! D'ailleurs il paraît que ça se voit sur ma figure : Quand j'ai passé mon conseil de révision, le médecin-major a dit tout de suite : « Voilà un homme qui est pour la réforme! » Eh! bien, je ne lui avais rien dit, moi! Voilà ce que c'est que d'être physionomiste! Eh! bien alors : Vling! vlan! réformons!

Ainsi, tenez, la révision, puisque nous en parlons, la fameuse révision! Qu'est-ce que c'est? On veut réformer la Constitution! C'est parfait! je ne la connais pas, moi, cette Constitution, mais il est évident qu'elle a besoin de réparations parce qu'il n'est pas de si bonne Constitution qui ne se détériore avec le temps. Alors il s'est agi de s'entendre : C'est pour cela qu'on a réuni le Congrès... et on n'a rien entendu du tout! On a crié si fort qu'il n'y a que les sourds qui ont entendu quelque chose, et que ceux qui entendaient en sont revenus sourds. Eh! bien, pendant qu'on criait, je l'ai trouvé le remède, je l'ai trouvé dans le journal. « *Pour les constitutions faibles, demandez le fer Bravais!* » Eh! bien, voilà votre affaire! le le fer! tout le monde aux fers! C'est le seul moyen d'avoir un peuple libre et indépendant. Eh! bien, alors, vling! vlan! réformons!

Mais non, au lieu de ça, on s'occupe à des bêtises... tenez, par exemple : le divorce! Mais c'est indécent, le divorce! c'est une excitation à la débauche!... D'abord la loi dit que la femme doit suivre son mari... Eh! bien, si elle divorce, elle ne peut pas le suivre, ou bien alors ça devient un crampon, et puis, ce n'est pas la peine! Non, le mariage doit être indissoluble, seulement, il faut choisir des épouses sérieuses. Ainsi si c'était moi, je défendrais de prendre ses femmes chez les jeunes filles... il n'y aurait que les veuves qu'on pourrait épouser, ce serait le seul moyen d'être heureux en ménage. C'est à ce point qu'on me dirait : « Tu vas épouser mademoiselle... qui n'est pas veuve! » Quand ce serait ma propre fille, je ne l'épouserais pas!... Eh! bien, alors, laissez-moi donc tranquille avec votre divorce. Vling! vlan! réformons!

Je vous dis que tout est dans le marasme! Tenez! le théâtre! on dit toujours : « Il n'y a plus d'auteurs! » Eh! bien, ce n'est pas vrai! La vérité, c'est qu'il n'y a plus de pièces! Le reste importe peu : qu'on nous donne des pièces et l'on ne s'apercevra même pas qu'il n'y a plus d'auteurs. Ne croyez pas au moins que je tienne à les défendre, les auteurs! Les trois quarts sont des nullités! Je sais ce que c'est, moi, j'en suis! J'ai fait une pièce! elle s'appelait : « *On fait relâche!* » Le titre était médiocre! je n'ai jamais pu avoir un chat! n'empêche que je l'ai portée à la Comédie-Française! Là, j'ai été reçu immédiatement... il n'y a que ma pièce qui n'a pas été reçue. Alors je l'ai fait jouer en province. Elle a tout de même rapporté dix mille francs à son directeur... ma parole! c'est moi qui les ai payés.

Eh! bien, à côté de cela, on a joué « *les Précieuses ridicules!* » Une pièce d'un rococo! On dirait que cela a été fait, il y a au moins quarante ans! Ça a eu un succès fou! pourquoi? parce que c'est indécent! Voulez-vous que je vous dise : Aujourd'hui la nouvelle école va trop loin. Eh! bien, alors : Vling! vlan! réformons!

Tenez, c'est comme les acteurs! Eh! bien, je les supprimerais, les acteurs! Ce sont eux qui tuent le théâtre! Oui, mais osez donc lancer ça! Tout le monde vous arrachera les yeux : « Ah! monsieur! comment pouvez-vous dire ça, les acteurs! ils déclament si bien! » Eh! bien, quoi, c'est bien malin! Mais j'en ferais autant, moi... si j'avais du talent! Et puis le grand tort aujourd'hui, c'est de faire des rôles pour les acteurs. C'est idiot! Aussi sortez-les de là : Bonsoir! Tenez Sarah-Bernhardt dans *Phèdre!* Mon Dieu! elle est très bien, ça va sans dire... mais il est évident que chose... machin, l'auteur, a écrit cela pour elle. Mais qu'elle joue donc... tenez, rien qu'un des rôles de Dumaine! vous verrez comme elle paraîtra maigre à côté! Et c'est comme ça pour tous! Votre Judic, par exemple! Vous lui trouvez du talent, vous? Mais est-ce qu'elle existe Judic! Ah! bien, si vous aviez vu Talma! Non, je vous dis, il n'y a encore que cela : Vling! vlan! réformons!

Comme pour l'armée! la loi de trois ans : je la repousserais. En principe pour être plus tard un bon citoyen, il faudrait rester soldat au moins toute sa vie. Autrefois, quand il y avait des guerres de Cent ans, est-ce que les soldats ne restaient pas tous les cent ans sous les drapeaux? Eh! bien alors, de quoi se plaint-on? Ah! par exemple, si vous voulez une armée, avant tout il ne faut pas l'envoyer à la guerre…, parce que la guerre, ça la détruit! Mais tenez! envoyez donc plutôt le civil, lui qui ne fait rien! Dame!… enfin, c'est indiqué!

Oui, mais tout ça c'est une raison pour que ce soit rejeté. La Chambre votera peut-être, mais les sénateurs repousseront; — ils repoussent toujours les sénateurs. Ce n'est pas comme leurs cheveux! — Aussi, moi, j'ai eu une idée de génie : je voudrais qu'on transportât les députés au Sénat, et les sénateurs à la Chambre; comme cela les sénateurs seraient toujours d'accord avec la Chambre et la Chambre avec le Sénat! Vlan!

JEAN GASCOGNE

DES RENSEIGNEMENTS?

DES RENSEIGNEMENTS ?

Ah! ne vous chargez jamais de marier quelqu'un ! Très fatigant d'abord... des ennuis, des tracas, puis pas de reconnaissance.

Moi, j'ai fait cette corvée ! Ah ! La famille de la jeune fille, qui habite Vincennes, m'avait prié de prendre des renseignements sur le jeune homme. Je suis très complaisant. — C'est un tort. — Je dis oui, je pars et je cours à Paris comme un fiacre.

Je me suis présenté chez un monsieur, — aux Ternes, — un petit, maigre, avec des lunettes, qui m'a dit :

« Ah ! ce garçon... mon Dieu ! oui... quoique... vous savez... pour moi... Oh ! cependant... après tout... n'est-ce pas ?... C'est évident... d'autant plus que... et puis, enfin... Non, seulement... moi... voilà... Vous me comprenez ?

— Parfaitement !

A la rigueur j'aurais pu me contenter de ca. Je

suis très consciencieux. — C'est un tort. — Je suis allé chez un autre monsieur, à Auteuil. Un ancien capitaine de dragons, gros, énorme, qui m'a dit :

« Monsieur, je suis rond. Aussi je vous parlerai carrément. Je n'y vais pas par quatre chemins.

« Quand j'ai vu ce garçon-là, moi, je me suis dit : Il a commencé comme ça, il a continué comme ça, il finira comme ça, et ça été ça, et c'est ça et ce sera ça. Voilà. »

Je suis encore allé chez une troisième personne, à la Villette.

C'était une dame : (D'un ton admiratif.) « Ah! vous voulez des renseignements sur ce garçon! Oh! mais je le connais beaucoup! il a une mère!... et un père!... ah! et des sœurs!... oh!... et des frères!... ah! et un oncle!... Vous ne connaissez pas l'oncle... oh! et des cousins, et des cousines! Ah!

— Oui, mais lui?

— Lui! c'est son grand-père, absolument! »

Croyez-vous que je suis encore allé prendre un quatrième renseignement — à Montrouge! — (Il prend son mouchoir et fait le geste de s'éponger.) Trop complaisant! ça me perdra. Une dame, encore cette fois; elle ne m'a pas laissé parler; elle criait : (D'un ton aigre.) « Ah! si je les connais! et le père! et la mère!... et les sœurs donc! et les frères! ah ... Quant à l'oncle!... oh! et les cousins... et les cousines! ah!

— Pardon, Madame, mais lui?

— Lui! c'est sa grand'mère, trait pour trait! »

. . . .

J'avoue, qu'après celle-là, j'étais un peu perplexe.

Je me suis dit : Voyons, essayons d'un cinquième. Je l'ai vu, le cinquième, au-dessus de l'entresol, cent vingt marches à monter.

Je sonne. Je vois une espèce de roi mérovingien, des cheveux longs comme çà; — il paraît que c'était un ténor ou une basse, — je ne sais pas trop; — enfin, quelque chose comme çà. Je lui dis : Bonjour, Monsieur.

Il me répond :

(*Chanté*).
— Salut! noble étranger!

. . . .

— Je vous demande, pardon, Monsieur, je venais, au sujet de M. Dubois, vous prier de me fournir quelques indications. Je voudrais bien savoir quel est ce jeune homme....

(*Chanté*, *air de* Faust.)
— Si c'est un grand seigneur, et comment il se nomme
— On m'a dit qu'il était de vos amis.

(*Chanté*.)
— On ne t'a point trompé.

— Il me tutoie... déjà!

(Chanté.)
— Il me prêta vingt francs, l'autre jour, ici même,
Envers lui, non, jamais, je ne m'acquitterai.

— Si jamais je lui prête quelque chose! Pardon, Monsieur...

(Chanté.)
— Parle!

Monsieur, je...

(Chanté.)
— Parle, je t'écoute! oui, je t'écoute!

— Pardon, mais c'est moi...

(Chanté sur l'air de Lucie : *O bel ange.)*
— Ah! parle, je t'en supplie.

— Mais je ne demande pas mieux. (Apart.) Dépêchons-nous, il n'aurait qu'à recommencer. Ce jeune homme n'a-t-il pas eu un duel, où il avait pour témoins...

(Chanté sur l'air du Chalet.*)*
— Il n'avait pour témoins que le silence et l'ombre.

— Ah!... et à la suite de ce duel il a été exilé de..

(Chanté, air de la Reine de Chypre.*)*
— Triste exilé, sur la terre étrangère,
Ah! que de...

(A part.) — Ah! çà, mais il est enragé! Monsieur, je vous en supplie, donnez-moi quelques renseignements sur...

(Chanté, air de la Favorite.)
— Ah! des renseignements! Dieu, quelle ignominie,
Oser me proposer une telle infamie!
Va-t'en d'ici, de cet asile...

Je ne demande pas mieux, par exemple! Quel homme assommant! J'en avais assez, vous devez le comprendre.

Je suis revenu chez les parents de la jeune fille, — à Vincennes, — et je leur ai résumé mes visites.

Savez-vous ce qu'ils m'ont répondu?

Je vous le donne en mille!

Ah! jamais je ne me serais attendu à celle-là!

Ils m'ont dit: — « Monsieur, vos renseignements manquent de précision! »

E. BANEUX

LE ROND DE CUIR

LE ROND DE CUIR

Après avoir pâli trente ans sur des registres,
Après avoir vu naître et mourir vingt ministres,
L'heure de la retraite ayant sonné pour lui
Comme un funèbre glas, le cœur gonflé d'ennui,
De l'air d'un croque-mort portant le diable en terre,
Bonardin, vieux sous-chef, quittait le ministère...
Avec son rond de cuir, ce confident discret
Pour lequel il n'avait jamais eu de secret,
Qui du matin au soir, sous d'intimes étreintes,
Redisait ses soupirs et partageait ses plaintes,
L'aidait à digérer l'amertume et le fiel
Dont l'abreuvait parfois son chef ministériel,
Et, calmant les douleurs d'une âme haute et fière,
Etouffait les éclats d'une sourde colère ;
Son rond de cuir, ami fidèle, consolant,
Qui s'attachait à lui, mais sans être collant !

Cadran qui lui comptait les heures de la vie,
Comme un compteur à gaz de la Grand'Compagnie.
Oasis au milieu des ardeurs du bureau !
Siège d'une fraîcheur profitable au cerveau,
Indispensable à qui travaille de la tête,
Hors duquel l'employé n'est plus dans son assiette.

C'était le cas, hélas ! du pauvre Bonardin !
Il suivait donc, courbé sous le poids du chagrin,
La route qu'il avait tant de fois parcourue,
Marchant comme au Calvaire, et regagna la rue
Des Martyrs. Sa douleur semblait régler ses pas ;
Il montait lentement, son rond de cuir au bras.
Sa femme, en le voyant de loin, parut saisie,
Croyant qu'il rapportait un pain de fantaisie.

Il se jette à son cou, pleurant, silencieux :
Les grandes douleurs sont muettes ! Tous les deux
Se sont compris : « Tu vois, on m'a fendu l'oreille,
Dit-il ; on me rejette ainsi qu'une bouteille
Qu'après l'avoir vidée on brise avec dédain ! »
Et toute la journée on voyait Bonardin
Affaissé sur son rond, ruine hors d'usage,
Ainsi que Marius sur celles de Carthage !
Il lui disait des mots tendres et douloureux,
Et ces deux vieux débris se consolaient entre eux !

Son rejeton — cet âge est cruel et terrible —
Prit le rond paternel pour jouer à la cible,

Et, déjà bon tireur, adroit à ce jeu-là,
Criait : « Bravo ! J'ai mis dans le mille à papa ! »

Dès ce jour sa raison, jusque-là si lucide,
Se trouble, s'oblitère, et son cerveau se vide ;
Il marche à la démence, et symptôme alarmant,
A la *Cocarde* il veut prendre un abonnement.
Madame Bonardin doucement le conseille :
« Mon ami, ne fais pas une chose pareille,
Toi qu'on regardait comme un homme sérieux...
Ne lis pas de journaux, va, crois-moi, ça vaut mieux.
Marche plutôt, va faire un tour pour te distraire :
L'exercice à ton âge est toujours salutaire. »
Il sort. En route, pris d'un besoin de gaîtés,
Il entre au Parlement pour voir nos députés,
La salle est au complet, turbulente, houleuse ;
La séance s'annonce agitée, orageuse ;
La droite lance à gauche un regard furibond.
A la tribune monte un bel orateur blond
Qui veut parler. Laisant, d'une voix attendrie,
Lui dit : « Ne parle pas, Ernest, je t'en supplie ! »
Il parle, et l'on n'entend que dissolution,
Désagrégation, décomposition.
Le « pion » Floquet bondit et d'un mot le conspue ;
Ferry rit ; L'Hérissé chante *En r'venant d'la r'vue*;
Cassagnac sur son banc fait partir un pétard ;
Félix Pyat, réveillé, grogne : « Sacré moutard ! »
Méline à tour de bras agite sa sonnette

Et, perdant patience, il la lance à la tête
De Naquet et lui fait une autre bosse au front.
Les cocardiers en chœur se lèvent et s'en vont,
Bras dessus, bras dessous, entraînés par Laguerre ;
On dirait des pioupious d'Auvergne allant en guerre!
La séance sur lui produisit tant d'effet
Qu'en sortant Bonardin était fou tout-à-fait.
Il descendit la berge et comme une âme en peine
Alla droit devant lui tout le long de la Seine.
Il s'arrêta soudain et l'on entendit : Floc !...
C'était le pauvre fou qui plongeait comme un bloc !
Il reparaît plus loin par une autre trouée ;
Un bateau qui passait lui jette une bouée :
Voyant ce rond de cuir, il veut s'asseoir dessus,
Mais il glisse, s'enfonce et ne reparaît plus !

Trois semaines après ce plongeon lamentable
Bonardin remontait, mais si méconnaissable
Que par sa femme il fut à peine reconnu,
A certain signe encor... d'elle seule connu.
De ses pieuses mains elle confectionne
Avec son rond de cuir une belle couronne.
Sur sa tombe on grava, selon sa volonté,
Quatre mots seulement : Cy gît un retraité.

OCTAVE PRADELS

RUPTURE DE BANC

RUPTURE DE BANC

Foi de Bidoche, qu'est mon nom, j'y comprends rien de rien ! Figurez-vous que j'étais-t-amoureux de Mamselle Aglaé, une superbe cuisinière. Mamselle Aglaé, elle avait toujours repoussé mes soupirs bouillonnants sous le *prétesque,* d'abord qu'elle avait un cousin cuirassier, qui la surveillait de près : puis encore, qu'elle avait un autre cousin, pompier, qui la quittait pas d' l'œil. Mais, *turellement,* que les charmes de l'infanterie, dont à laquelle j'appartiens, ils devaient un jour triompher de la cavalerie et de la *pomperie.*

Pour lors, il y a une huitaine, elle me dit : « Mon cœur il ne peut plus résister à vos paroles *séductcuses,* que j'obtempère au rendez-vous ! » O bonheur, elle obtempérait. *Seurement* pour le rendez-vous j'étais-t-embarrassé, vu que les appointements dont le gouvernement il se déboutonne avec nous, ils me permettaient pas de la conduire dans le cabinet d'un particulier, comme on dit. Mais je perds pas la boussole et je lui réponds : « Aglaé, ce que j'ai à vous dire, je peux le dire à la face du ciel et même du soleil, venez demain à midi, esplanade des Invalides.... et puis, que de là, nous verrons. »

Le lendemain à midi précis, je vois arriver Aglaé à deux heures.

— « Monsieur Bidoche, qu'elle me dit, vos intentions, elles sont pures ? — Oh ! Aglaé, pouvez-vous *seurement* superposer une minute... — Ah ! c'est que j'ai été si souvent... — Quoi que vous avez été si souvent ? — Non, rien, je dis que les hommes ils sont si volatils ! — Aglaé, quand vous verrez... mais, pardon, que le soldat il est galant avant tout... Prenez donc la peine de vous asseoir. » Et je montre à Aglaé un banc caché dessous le feuillage.

Faut vous dire qu'Aglaé est une femme magnifique qui pèse dans les 250 ; que même je mettrais une minute et demie pour en faire le tour, au pas accéléré.

Elle s'asseoit, je m'asseois. Je frissonnais près d'elle comme l'oiseau qui s'imbibe de la nature à l'aurore, lorsque le soleil se couche derrière les

RUPTURE DE BANC

bois, où la tourterelle et le lapin de garenne ils cachent leurs roucoulements volupétueux.

— « Aglaé..., je vous idole ! — Je vous crois, monsieur Bidoche. mais quand est-ce que vous m'épouserez ? — Aussitôt que j'aurai fini mon temps, je n'ai plus à faire que trois ans, onze mois et quarante-deux jours ! »

En entendant ça, Aglaé fait un bond de surprise..., elle retombe... patatras !... le banc se casse par le milieu et nous tombons le nez par terre. Je dis le nez, parce que le militaire il est toujours civil dans son langage. Aglaé se relève furibonde et me dit d'un ton méprisable : « Vous se fichez de moi, vous n'êtes qu'un polisson ! » Et la voilà partie !

Moi, j'étais épastrouillé ! quand je me remets de mon épastrouillement, plus d'Aglaé ! elle s'était-z-éclipsée.

Je me mets à sa poursuite. Au bout de dix pas, je me cogne dedans deux hommes barbus qui me dévisagent dessous le nez en me barrant la route. J'entends un des deux qui dit à l'autre : — « C'est bien lui, c'est le signalement : front moyen, nez moyen, bouche moyenne, teint moyen ; prenant parfois le costume militaire... Dites donc (qu'il me fait), c'est vous ? » — Ça, je pouvais pas le nier, je lui réponds : — « Oui, c'est moi. — Alors, dit le second, vous êtes en rupture de ban ? — Comment, vous savez déjà ?... — Ah ! il avoue ; saisissons-le ! » Alors, sans m'écouter, ils me lient les mains, me mettent dans un fiacre et me conduisent devant un grand vieux qu'ils appelaient Monsieur le juge. Moi, pendant le voyage, j'avais plus la force de parler ; je faisais que de penser en moi-même : « Cré nom, que ça doit coûter cher un banc ! que je pourrai jamais le payer avec mon prêt. »

Le juge, il me dit d'un air sévère : — « Ah ! vous êtes en rupture de ban, mon gaillard ? — Monsieur le juge, c'est pas moi, c'est Aglaé. — Vous avouez donc avoir eu des complices ? — Mon juge, je vous jure que c'est elle qui a tout fait. — La justice tiendra compte de vos aveux : dites-nous comment la chose s'est passée ; ne cachez rien de votre horrible forfait. — Mon magistrat, je vous assure qu'il était bien usé déjà. — Comment, usé, il avait à peine cinquante ans. — Mais, me ressemble que cinquante ans pour un... — Assez : votre cynisme est odieux. » Moi, je me tais, vu que je ne savais pas ce que c'est que mon cynisme, mais que je me pensais toujours intérieurement, en moi-même : « Cré nom, que ça doit coûter cher, un banc ! »

Alors, le juge il me recommence : — « Et vous dites que c'est votre complice, une nommée Aglaé, qui vous a aidé dans le crime ? — Oui, mon juge, c'est elle, en s'asseyant dessus. — C'est ça, dit le juge, ils l'ont étouffé;... écrivez, greffier, » Moi, je comprenais plus rien du tout.

— « Retracez-nous la scène du crime, et soyez sincère ; parlez, Roupignol. — S'-où plait ? — Parlez, Roupignol. — Pardon, excuse, mais je m'appelle pas Roustignol, je suis Bidoche. — Ne cherchez pas à égarer la justice. — Mais, faites excuse, mon tribunal, que çà, j'en suis sûr..., je suis Bidoche, fusilier à la 2ᵉ du Iᵉʳ du 22ᵉ, même que je suis caserné à la Pépinière. — Cet homme, il ment, (que reprend le vieil entêté de juge), mais, pour mieux le confondre, envoyez à la Pépinière savoir s'il y a un militaire de ce nom ; et, en attendant, mettez-le là, dans ce cabinet, et gardez-le à vue. »

On me fourre dans un cabinet noir où je passe mon temps à calculer combien que ça peut coûter un banc !... deux heures après on me sort... et je vois mon capitaine qui me dit : « Comment, Bidoche, vous étiez en rupture de banc ? — Mon capitaine, que c'est la faute à Aglaé ! — C'est ça, toujours les femmes qui les poussent là... Quoi... vous osiez porter l'uniforme militaire avec une pareille souillure ? — Çà, c'est vrai qu'il était tout sali mon uniforme ; vu qu'en tombant je m'avais aplati dedans une flaque d'eau, sous le banc.

— « Allons, me fait le capitaine, ne cachez plus rien, et racontez tout au juge d'instruction. »

Alors, moi, je raconte toute l'histoire avec

Aglaé;,.. mais quand j'arrive au bond d'Aglaé qui a fait tout le malheur, voilà le juge. puis le capitaine, puis le greffier, puis les agents de police qui se tordent de rire,... mais, de rire... que, sûr, ils ont cassé leurs bretelles ! Moi, j'étais de plus en plus épastrouillé.

« Imbécile (que me dit le capitaine), fiche le camp d'ici et tu me feras huit jours de salle de police pour m'avoir fait déranger ! »

J'ai pas demandé mon reste... j'ai filé... j'ai fait mes huit jours de bloc, mais j'y comprends rien de rien; *seurement* je suis guéri de l'amour des femmes de 250, vu que ça cause des ruptures de bancs !

MARC ANFOSSI

SCIE MAJEURE

SCIE MAJEURE

Elle allait rendre son ouvrage ;
Moi je la suivais bêtement,
Comme ça, sans savoir comment
Ni pourquoi, ce jour, justement,
Elle allait rendre son ouvrage.

×

Elle avait à peu près cet âge
Où, terminant l'apprentissage,
On peut sortir impunément,
Et le nez en l'air, carrément
Par un soleil éblouissant,
Elle allait rendre son ouvrage.

Si vous aviez vu son visage !
C'était radieux et charmant,
Jolie à dévorer, vraiment,
Et comme moi, probablement,
Vous l'auriez suivie en flânant
Jusqu'à l'endroit où, gentiment,
Elle allait rendre son ouvrage.

×

Elle traversa le passage
Du Saumon, fit énormément
De chemin (on trotte, à cet âge);
J'étais essoufflé, tout en nage,
Et j'attendais l'heureux moment
Où, mettant terme à mon tourment,
Dans un grand établissement
Elle allait rendre son ouvrage.

Patatras! Un encombrement
De voitures. Moi, prudemment,
Je restai là, tranquille et sage...
(Ça vient vite, un écrasement.)
Elle avait filé prestement
Et je la cherchai vainement.....

De sorte que, fatalement,
Je n'ai jamais su ni comment,
Ni pourquoi, ni dans quel moment
Et dans quel arrondissement
Elle allait rendre son ouvrage.

TOUCHATOUT

VILLÉGIATURE

VILLÉGIATURE

La villégiature entre de plus en plus dans nos mœurs. Quand le mois de juin arrive, tout le monde désire aller se mettre au vert dans un des gras pâturages de Puteaux, de Bondy ou des Batignolles, ou même dans les fossés des fortifications. Voici quelques conseils pour les Parisiens en mal de luzerne.

C'est pendant la première semaine de juin qu'il faut chercher une habitation d'été aérée et confortable.

On consultera le *Moniteur des Locations*, dans lequel on ne peut manquer de trouver, à des prix très avantageux, de charmants petits châlets en bois blanc laissant pénétrer à l'intérieur toutes les ardeurs du soleil, ainsi que l'eau des pluies d'orage.

Ces buffets de campagne sont généralement agrémentés d'un parc de 35 mètres carrés plantés de cerfeuil de haute futaie, formant d'épais massifs, à l'ombre desquels on peut dresser une table de cinq couverts, sans crainte qu'il tombe des chenilles dans le potage.

Quand on a fait le choix de la maison, demander au propriétaire qui veut la louer 1,100 francs, si c'est nourriture de 8 personnes comprise, et....... aller en louer une autre...... qui se trouve absolument la même.

A la campagne on aime à prendre ses repas dans le jardin. Quand votre jardin n'est pas plus grand que la table sur laquelle vous mangez, vous pouvez sans inconvénient la placer où vous voudrez. Dans les campagnes des environs de Paris, l'ombrage le plus protecteur contre les ardeurs du soleil est l'asperge. Après l'asperge viennent : les chapeaux de paille, les foulards à carreaux étendus sur un balai planté en terre, enfin le parasol que l'on fait tenir par sa femme au-dessus de la table, pendant le repas. De tous les procédés connus pour manger à l'ombre dans les environs de Paris, le meilleur est encore celui-ci : mettre tout ce qu'il faut sur la table et dîner dessous.

Aimez-vous les fleurs ? Une bien jolie, c'est la rose trémière. On peut s'amuser avec en société ; cette fleur à la mauvaise habitude d'attirer une masse de frelons. Ils s'introduisent tout entier dans le calice et on ne les voit plus. Vous prenez après déjeuner un de vos meilleurs amis par le bras et vous lui dites : « Tu n'as jamais vu de roses trémières à odeur, toi ? Eh bien sens celle-là. » Il pose son nez au beau milieu de la fleur. Le frelon, qui n'aime pas ces plaisanteries-là, sort furieux, et, ne trouvant pas d'issue, s'introduit dans la narine de votre meilleur ami et y plonge son aiguillon. Généralement votre meilleur ami pousse un cri ; c'est très drôle !

Vers la fin de juillet, il y a des précautions à prendre contre la foudre, les trombes et les averses. Voici un moyen de se préserver de la foudre. Au premier éclair on appelle sa femme.

— Pulchérie, le busc de ton corset est-il en acier ?
— Oui, mon loulou.

Là dessus on la flanque debout jusqu'au creux de l'estomac dans un tonneau plein d'eau, placé près de la maison, de façon à ce que le busc trempe. Si le tonnerre vient à tomber dans les environs, ça remplacera un excellent paratonnerre. Et la femme peut encore servir pour faire du crayon à dessin.

A la Sainte-Marie, on célèbre la fête de Madame. Voici un petit programme pour cette solennité :

A 8 heures du matin on compte les invités qui doivent venir. On arrive à un total de 17. On trouve que c'est beaucoup et l'on s'abandonne un instant au fol espoir que les Vavass qui déboulent toujours au nombre de 9, dont 6 enfants, seront retenus chez eux par une indisposition.

Jusqu'à 10 heures, Madame fait son marché, tue un lapin, sans lui demander ce qu'il pense de ce jour de fête, et sort la porcelaine et les cristaux.

Pendant ce temps-là, Monsieur ratisse les allées du jardin et place des feux de Bengale au coin des massifs. Il accroche des lanternes vénitiennes, en se mettant à genoux par terre pour les fixer, au faîte des plus grands arbustes. Il essaie le jet d'eau jusqu'à ce qu'il l'ait démanché, etc.

A midi, légère collation. A deux heures treize, on entend le sifflet du chemin de fer, c'est le train qui arrive. Monsieur est monté sur le belvédère, il signale les invités sur la route. Les Vavass y sont au grand complet — ils ont même leur belle-mère en supplément.

Arrivée des invités. On sonne à la grille. Compliments et embrassades d'usage. Le plus petit des Vavass n'est pas encore entré qu'il s'étale dans le trou à fumier, en voulant tirer la queue de coq.

Grande émotion. Il n'a rien de cassé; heureusement il était habillé tout en blanc.

De trois à cinq heures jeux variés. Tir à la cible avec armes de salon. Les femmes veulent s'en mêler : Mme Vavass qui s'obstine à épauler sur le milieu de l'estomac et à fermer les deux yeux, met tout le temps hors de la plaque.

A cinq heures, dîner. On cherche partout le petit Vavass pour se mettre à table.

On le retrouve dans le sous-sol, en train de lécher le papier tue-mouches qu'il a chipé dans la salle à manger.

On dîne dans le jardin. A cinq heures un quart, grand orage et averse. On continue à dîner sous treize parapluies. A six heures moins dix, le petit Vavass vomit sur le gilet blanc de son père; il est sauvé.

De sept à neuf heures, romances, chansonnettes, fables très mal récitées par le petit Vavass, grands airs de l'*Africaine* par une demoiselle qui se prépare au Conservatoire. Culbutes sur la pelouse.

A neuf heures, feux de Bengale, fusées et pétards.

A neuf heures et demie, préparatifs de départ pour le train de neuf heures cinquante-sept. On cherche partout le petit Vavass. On le trouve endormi à la cuisine, la tête dans une tarte aux cerises. On le réveille, son premier soin est de s'essuyer sur le pantalon blanc de M. Cabourot.

Neuf heures trois quarts, départ.

Dix heures, on range la vaisselle. Madame pense qu'il y aura de quoi déjeuner le lendemain. On compte les bouteilles vides. Il y en a cinquante-deux! Mine épatée du couple!

Dix heures et demie, retour de tous les invités qui ont manqué le train et reviennent pour coucher. Tableau. On met des matelas par terre dans la salle à manger.

Minuit, cris tumultueux au rez-de-chaussée. Monsieur descend. Tous les lits sont inondés, les invités se sont réfugiés, effarés, sur tous les meubles. Il y en a trois qui se cramponnent à la suspension d'éclairage.

C'est le petit Vavass qui, avant de s'endormir, a été ouvrir le robinet des eaux qui est dans la cuisine.

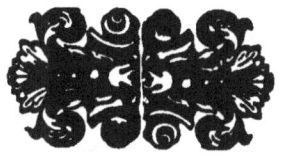

ERNEST DEPRÉ

LE VER DE TERRE AMOUREUX

LE VER DE TERRE AMOUREUX

C'était un ver de terre, un joli ver de terre,
Un ver de terre heureux de vivre, — solitaire,
    Ayant perdu tous ses parents
        Petits et grands.
Il n'avait qu'un tuteur qui lui servait de mère.
    C'était donc un ver orphelin :
    Mais, puisqu'il faut toujours qu'on raille,
    Comme il était de forte taille
    On l'appelait « l'Alexandrin. »

        ∴

    A l'heure où ce récit commence
    Il atteignait ses dix-huit jours ;
Il sortait du collège, avec son innocence,
    Et, sur l'arbre de la science,
Il rêvait de cueillir la pomme des amours.
Il était beau, bien fait, d'agréable tournure;

Les sinuosités de sa souple structure
Ne se retrouvaient pas dans son esprit loyal.
　Dans un salon il ne faisait pas mal,
Avec grâce rampant aux pieds des jeunes filles,
　Et l'on voyait rougir les plus gentilles,
Et leur jeune regard s'emplir d'un tendre émoi :
Il est si doux d'avoir le cœur d'un ver... à soi !

.ᐧ.

　Il habitait, au pied d'un saule,
　Un trou caché dans le gazon,
Près de la rivière où court un frisson,
　Et que la libellule frôle
　En la printanière saison.
Cette retraite avait pour lui des charmes :
　Elle avait vu couler ses larmes
　Lorsque, par un beau jour d'été,
　Son pauvre père avait été
Tranché férocement par un grand coup de bêche;
　Et sa mémoire toute fraîche
Lui rappelait sa mère, une blonde à l'œil noir,
　　Qui certain soir,
　　Rentrant chez elle,
S'était vue emporter au bec d'une hirondelle.

.ᐧ.

　Quand les canards vont deux par deux,
　Qu'on voit errer d'un air tranquille

LE VER DE TERRE AMOUREUX

    Deux par deux les sergents de ville...
  Lorsque l'on n'a pas besoin d'eux;
Lorsque vont deux par deux les rimes des distiques,
    Les Chambres du gouvernement,
    Et les escargots sympathiques...
    Rester seul manque d'agrément.

    Or, l'après-midi d'un dimanche,
Comme notre héros se promenait pensif,
Il aperçut, rôdant autour d'une pervenche,
    L'amoureuse rêvée, — et pif!
— Paf! si vous aimez mieux, — son cœur se mit à
      Quatre à quatre.   [battre
Ce fut le coup de foudre immense de l'amour :
Elle était souple, et frêle, et mince, et blanche, et
                                      [belle;
Rien qu'à la voir, beaucoup de chances étaient pour
    Qu'elle fût encor demoiselle.
Il la suivit longtemps à travers les chemins
Sans oser lui parler, par peur du ridicule :
    Mais quand tomba le crépuscule,
    Il prit son courage à deux mains.
    Comme un épais tapis de mousse
    Sa déclaration fut douce ;
    Sa parole, chaude liqueur,
    A flots pressés grisa son cœur,
    Et, dans le bois profond qui bouge
    Sous le vol de l'oiseau moqueur,

Elle entra pour cacher son rouge.
Là, comme on n'y voyait pas clair,
Son front s'illumina d'une verte auréole :
Il aimait une luciole...
L'étoile avait trouvé son ver.

∴

Lorsque l'aube couleur d'opale
S'étendit sur l'horizon pâle,
Bien que très joyeux, notre ami
N'avait triomphé qu'à demi :
Mais il emportait la promesse
De se voir payé de retour,
Demain de dire à deux la messe,
La tendre messe de l'amour.
Dans l'herbe humide de rosée
Qu'irise le soleil levant
Il cheminait, le nez au vent,
La cervelle d'espoir grisée.
C'était son premier rendez-vous ;
En lui naissaient des désirs fous ;
Il trouvait le printemps plus doux,
Les bois plus remplis de mystère !
Fouetté par l'air matinal,
Il sentait son corps virginal
Frémir d'un voluptueux mal,
Et rentrait chez lui ventre à terre.

∴

Soudain il aperçut, au détour d'un sentier,
Un homme qui marchait très vite. Son métier,
A n'en juger que par son grand chapeau de paille.
 Et le roseau de longue taille
Qu'il portait sur l'épaule, et son panier de jonc,
Son métier, dis-je, était de ceux que le goujon
 Redoute quand, par aventure,
 Il craint quelque peu la friture.
 Il passa,
 Se baissa,
Prit, entre l'index et le pouce,
 Notre ver
 Qui n'était pas fier...
Et l'introduisit sans secousse,
 D'un mouvement sûr, quoique lent,
Dans une belle boîte en superbe fer-blanc :
Puis il boucha le tout, et la lumière pure
Du soleil disparut dans une nuit obscure.

O stupeur! Changement terrible de décor!
 Tout à l'heure être libre encor,
Courir gaillardement par les monts et la plaine,
Respirer l'aubépine, avoir la tête pleine
De projets amoureux, de rêves caressants,
 Et d'espoirs indécents,
 Et se trouver en proie, ô guigne!
 Aux instincts malfaisants
 D'un pêcheur à la ligne.

Bien que de sa nature il ne fut point peureux,
    La position était faite
   Pour que, s'il eût eu des cheveux,
    Ils se dressassent sur sa tête.
S'évader ? Impossible ! Il est dans la boîte aux
        Asticots :
   La fermeture est hermétique
   Et le système breveté...
     L'instant devient critique :
     L'homme s'est arrêté...
Un choc !... C'est sur le sol la boîte que l'on jette..
Ah ! mourir, transpercé par l'infâme hameçon :
   Mourir, happé par une ablette !
   Mourir... mourir encor garçon !

. .

Mais un rayon de jour jusqu'à ses yeux pénètre :
Sur un caillou la boîte en tombant a porté ;
  Il s'est produit une fente, — fenêtre
    Ouverte sur la liberté.
« A moi, Monte-Cristo, dit-il, à moi, Latude ! »
   Certes la tentative est rude ;
La sortie est étroite : il faut, pour avancer,
  Péniblement par le trou se glisser,
Se faire mince autant qu'une actrice fluette
  Dont le renom est venu jusqu'à lui...
   Le pourra-t-il seulement ? Oui.
  Voici déjà qu'il a passé sa tête,...

Puis un anneau,...
Puis l'autre... Vite, vite,
Il faut qu'il évite
Son cruel bourreau ;
Quand il va plus vite, il laisse un lambeau
De sa pauvre peau :
Tant pis ! Vite... vite...
Le ciel est trop beau,
Trop douce la fuite !
Il s'allonge, il grandit, il se fait si petit
Que le voilà presque sorti.
« Ma luciole bien-aimée, »
Murmure-t-il, « au rendez-vous
« Tu me verras à tes genoux :
« Nous nous aimerons bien, nous nous
« Perdrons dans la nuit embaumée ! »

Mais d'où vient qu'il n'avance plus ?
Pourquoi s'épuise-t-il en efforts superflus ?
Et qui le retient en arrière ?
Personne ! Qu'est-ce donc ? Son corps,
Qui, docilement jusqu'alors,
Avait suivi l'impulsion première,
Se trouve arrêté
Par l'extrémité :
Le pêcheur, qui s'est absenté,

Revient d'un pas précipité...
Il ne peut échapper à la fatalité.

.·.

Adieu, forêt! Adieu, campagne!
Adieu, chaste et tendre compagne !
Adieu, trou paternel! Adieu, cieux éclatants !
Adieu, printemps rempli de charmes...
Voici venir le printemps
Des douloureuses larmes.
Il ne verra plus la fuite du jour,
Il ne verra plus l'immensité bleue,
Car le pauvre ver, en faisant sa cour,
Pour ne pas oublier son rendez-vous d'amour,
Avait fait un nœud à sa queue.

ALFRED GUILLON

LE VOLAPÜK

LE VOLAPÜK

« *Check menhir lupin pois !* » (Après un silence comme si on n'avait pas entendu.) « *Check menhir lupin pois !* » (Au public.) Vous n'avez pas l'air de comprendre? mais c'est du Volapük... Comment vous ne connaissez pas le Volapük? Vous êtes là une réunion choisie... des gens d'esprit... parmi vous il y a des savants peut-être... des membres de l'Institut, des pharmaciens de première classe ! et personne ne connaît le Volapük ! Vous savez ce que c'est que le vol-au-vent et vous ne savez pas ce que c'est que le Volapük ! (Avec découragement.) Pauvre France ! Mais le Volapük, c'est l'idiome de l'avenir ! c'est la langue du progrès ! avec le Volapük, d'un mot, vous exprimez trois, quatre, cinq idées à la fois... C'est clair, précis, rapide, c'est la langue universelle! Quand vous serez initiés aux beautés du Volapük, vous ne voudrez plus parler autre chose... la langue française... rococo... il n'en faut plus... vive le Volapük! Lorsque nous aurons des tragédies en cinq actes en vers Volapük... vous verrez comme ça sera amusant alors la tragédie... du reste, on m'affirme que dans les lycées de jeunes filles le français va être supprimé et remplacé par le Volapük... Vous rencontrez un ami sur le boulevard « *pulch madré* (Riant.) *hi hi hi couic!* » ça veut dire (D'un air gai.) « Mon cher ami, j'ai la douleur de t'annoncer la perte de ma belle mère, ne cherche pas à me consoler c'est inutile. » Comme ce « *hi hi hi couic!* » peint bien la situation d'un gendre qui annonce la perte de sa belle-mère. Maintenant pour exprimer une idée triste : « *fichi! cramponk! margue!* » ça veut dire : (D'un air lugubre.) « Mon cher ami, j'ai le plaisir de te faire part de mon prochain mariage... je vais m'amuser comme une baleine! miséricorde! miséricorde! » au lieu de tout cela : « *fichi! cramponk! margue!* » quelle différence! que de temps gagné... (Avec ironie.) Chaque matin, les journalistes éditent des plaisanteries plus ou moins spirituelles sur le Volapük. Je sais pourquoi... comme ils sont payés à la ligne, le Volapük pour eux serait la ruine... Avec treize ou quatorze mots de vrai Volapük, dans leur journal ils auraient traité toutes les questions... je dis de vrai Volapük, car si vous employez du faux Volapük, ce n'est plus çà... Et comme personne ne connaît le vrai Volapük, pas même monsieur Volapük, on peut encore être plus trompé que sur le chocolat... Aussi exigez la vraie signature Volapük en toutes lettres... très important...

...Quand le Volapük sera obligatoire pour les députés quelle réforme utile à la Chambre.., ! Avec le Volapük, dix minutes pour traiter les questions les plus compliquées... tandis qu'aujourd'hui... (Baillant profondément.) (Souriant.) Vous êtes de mon avis, n'est-ce pas ? En voyage, en chemin de fer, quel avantage le Volapük ! le train s'arrête un instant... vous êtes pressé... vous avez faim... vous avez soif... vous avez... enfin vous êtes pressé... s'il vous faut faire un discours à l'employé pour savoir de quel côté aller pour... et puis de quel côté après pour... vous perdez tout votre temps... tandis qu'avec le Volapük... tout de suite : (Vivement.) « *bufcloset!* » avec ce mot là, en voyage vous avez tout... à boire... à manger... à... vous avez tout... Si vous avez des créanciers... très précieux, le Volapük... votre bottier vous présente sa note, regardez-le en face... souriez et (Eternuant légèrement et très vite.) « *Tchoum flutt! flutt!* » il vous dira peut-être : « Monsieur est enrhumé? » ne répondez pas... seulement : « *tchoum flutt! flutt!* » à ce moment là, essayez de lui faire comprendre par geste (Faisant vivement des gestes.) qu'il vous est interdit de parler autre chose que le Volapük sous peine de perdre le fruit de neuf mois d'études... expliquez lui toujours par gestes (Mêmes gestes — faisant la nique en se frappant le derrière de la tête avec la main.) qu'aussitôt que lui-même aura appris le Volapük vous vous ferez un plaisir de causer de sa petite facture... En vous quittant il se mettera à le piocher le Volapük... mais avant qu'il comprenne ce que veut dire exactement *tchoum flutt! flutt!* (Souriant.) croyez-moi... vous aurez du temps devant vous.

Mais où le Volapük est le plus précieux... c'est près des femmes... avec le Volapük l'amour marche tambour battant... En pays étranger, vous rencontrez une voyageuse gentille... vous avez beau lui dire : « Je vous aime. » « I love you. » « Choucroute, Ich libe sie. » Comme elle est encore plus étrangère que ça, elle ne comprend pas... si vous connaissez le Volapük... avec ce simple mot : « *bibobibi!* » émue, vous la verrez rougir, pâlir ! Et si vous savez donner à votre « *bibobibi* » l'expression voulue, vous ne tarderez pas à l'entendre vous répondre : (Tendrement.)« *block! block!* » Essayez du Volapük en amour, vous m'en direz des nouvelles... Près d'une jeune fille timide, craintive, dites lui doucement à l'oreille « *bibobibi!* » elle vous répondra en rougissant un « *block!* » délicieux; si au contraire vous avez affaire à une femme du midi, des pays chauds, née sur la ligne... de Lyon... alors : (Haut avec passion.) « *Bibobibi! bibobibi!* » avec la même énergie elle vous répondra : *block! block!* » jetez-vous à ses pieds... prenez lui la main et... après, comme en Français! (Vivement.) mais apprenez vite le Volapük, car à l'avenir mes monologues, je vous les dirai tous en Volapük!

TABLE DES MATIÈRES

Barbasson	1
Le Billet de faveur	7
Les Courses	13
Le Croque-Mort	21
Déveine	27
Dix Minutes trop tard	35
Un Duel de Barbasson	43
Elle !	51
Employé de ministère	57
Enragé	63
Le Gourmet	69
La Guigne	77
L'Homme juste	85
L'Inventeur	91
Je suis Ministre	99
Madame Barbasson	109
Le Mariage d'Aglaé	115
Un Monsieur qui a fait un monologue	125
Oune Excepcheune	131
Oune Histoâre jaolie	137
Patte-en-l'air	143

TABLE DES MATIÈRES

Le Petite Chaperon rouge	153
Le Potache	159
Les Réformes	167
Des Renseignements?	175
Le Rond de cuir	183
Rupture de banc	189
Scie majeure	197
Villégiature	203
Le Ver de terre amoureux	211
Le Volapük	221

13317. — Dijon-Paris, Imprimerie Régionale. — D' J. CHEVALLIER.

A LA MÊME LIBRAIRIE

COMEDIES POUR HOMMES

	Personnages	Pr
Un Beau-père pas commode	2	1
Un Chef de service	5	1
Le Coup de foudre	2	1
Los Contrabandistas bouff. musicale	2	1
La Dame de Louvain	3	1
Estelle au Lansquenet	2	1
Gustave	2	1
Le jour des Rois	3	1
ι Mariage au téléphone	2	1
us décorés		
ibulations d'un poulet		
vingt minutes d'arrêt		
La Vocation de Molière		1

PIÈCES POUR JEUNES GARÇONS

	Personnages	Pr
Les Avocats	1	1
Le Billet de Loterie	6	1
Le Crime de Moutiers	5	1

13517. Dijon-Paris, Imprimerie Régionale.

www.ingramcontent.com/pod-product-compliance
Lightning Source LLC
Chambersburg PA
CBHW071942160426
43198CB00011B/1512